Cómo Ser Libre del Temor

Por:

Dr. Víctor Centeno, Th.D.

Dedicatoria

NOEMI...

Si en medio de un agudo dolor físico y emocional pude escribir este libro fue porque te combinaste con el Señor para darme inspiración...

Fuiste mi ayuda idónea en desarrollar, pulir y editar cada capítulo. Te arriesgaste a pasar el "via crucis" de interpretar mis jeroglíficos, pasar el manuscrito y darle forma a mis ideas...

Sobre todo, en el proceso de mi enfermedad, fuiste mi ángel guardián y juntos logramos sacar un fruto dulce de aquellas raíces amargas...

Y, seguiremos juntos por los caminos de América y del mundo llevando el mensaje terapéutico del Evangelio y proclamando a las almas, *Cómo ser Libre del Temor*...

A ti, mi amor, te dedico este libro,

I.L.M.O.

Tabla de Contenido

Prólogo

El Dr. Víctor Centeno es un polifacético hombre de Dios que por más de 30 años ha honrado el púlpito cristiano. Predicador con un verbo elegante, merece ser reconocido como un "pico de oro". Con un estilo único y peculiar, ha sido utilizado por Dios para sacudir la conciencia de miles de almas a través de toda América Latina.

Además de ser pastor durante 18 años consecutivos, Víctor Centeno desarrolla un ministerio de extensión por medio de conferencias y seminarios de capacitación. Con justa razón, su ministerio ha obtenido el reconocimiento y la aprobación de cientos de ministros que han recibido sus enseñanzas como la respuesta divina a sus interrogantes y como suplemento efectivo en la tarea pastoral.

En este, su nuevo libro, *Cómo ser Libres del Temor*, el Dr. Centeno nos presenta en su estilo único, con abundante base escritural, los distintos temores que enfrenta el hombre moderno y nos da directrices para confrontarlos y vencerlos. En lugar de anclarse en la perspectiva sicológica, el Dr. Centeno explora la actividad del temor como ente espiritual y se apega a la postura bíblica.

Recomiendo que leas este libro con una mente abierta y un espíritu dispuesto, sabiendo que tienes en tus manos una herramienta poderosa para llegar a ser verdaderamente *"Libre del temor"*.

Dr. Adalberto Vallejo,
Autor del *"El Eterno Dilema"*.
CC Pacto de Paz, Orlando, FL

Introducción

El titular del artículo decía: "Niño de 9 años mata a su hermanito". El niñito había muerto a causa de un disparo accidental y la noticia estremeció a la comunidad urbana donde vivían. Su papá los había abandonado, y su madre comenzó a trabajar dos turnos para poder sostenerlos. El área donde vivían se tornaba cada día más peligrosa. Los asaltos, robos y violaciones a mujeres solas, estaban a la orden del día.

Temiendo que le pasara a ella, lo que le había pasado a otras mujeres, Brenda Duran compró un arma de fuego para protegerse. Aunque siempre tomaba precaución y escondía el arma de los niños, aquella tarde fatídica olvidó hacerlo, dejándola al alcance de sus hijos. Ellos, al encontrarla, comenzaron a jugar con ella. El niño mayor tomó el arma y accidentalmente esta se disparó, hiriendo de muerte a su hermanito menor.

Las autoridades pueden llamar a esta muerte homicidio involuntario. Sin embargo, si se pudiera poner en el certificado de defunción de ese niñito la verdadera causa de su muerte, habría solo una: **el temor**.

El temor condujo a Brenda Duran a comprar el arma que, irónicamente, mató a su querido hijo. Es que el temor siempre trae miseria, devastación y muerte.

He dicho que el temor es el segundo nombre del diablo. El temor es un monstruo que paraliza, incapacita, deforma y destruye a sus víctimas. Tristemente, ese es el sentimiento que prevalece en todo el mundo.

En una encuesta hecha por un grupo de estudiantes de sicología, se pidió a 500 personas que expresaran cuáles eran sus temores mayores. ¿Sabes lo que pasó? Los 500 encuestados expresaron 7 mil temores. ¡Un promedio de 14 temores por cada persona!

Si vas al diccionario y buscas la lista de temores oficialmente denominados como "fobias", te asombrarás del tamaño de la lista. Solo para proveerte de una idea, mencionaré algunas de las más comunes:

- *Peladofobia:* Temor a la calvicie.
- *Androfobia:* Temor a los hombres.
- *Ginefobia:* Temor a las mujeres.
- *Gamofobia:* Temor al matrimonio.
- *Toxicofobia:* Temor a ser envenenado.

- *Demofobia:* Temor a las multitudes.
- *Claustrofobia:* Temor a estar encerrado.
- *Algofobia:* Temor al dolor.
- *Astrofobia:* Temor a los truenos.
- *Autofobia:* Temor a la soledad.
- *Ailurofobia:* Temor a los gatos.
- *Laliofobia:* Temor a hablar en público.
- *Carofobia:* Temor a los insectos.
- *Ergofobia:* Temor al trabajo.
- *Hemofobia:* Temor a la sangre.
- *Zoofobia:* Temor a los animales.
- *Scotofobia:* Temor a la oscuridad.
- *Pyrofobia:* Temor al fuego.
- *Coprofobia:* Temor a la suciedad.
- *Batofobia:* Temor a las alturas.
- *Necrofobia:* Temor a los cadáveres.
- *Megalofobia:* Temora a las cosas gigantes.
- *Psicrofobia:* Temor al frío.
- *Nudofobia:* Temor a ser visto desnudo.
- *Pecatifobia:* Temor a cometer errores en público.
- *Ofidiofobia:* Temor a las serpientes.
- *Farmacofobia:* Temor a las medicinas.
- *Ablutofobia:* Temor a bañarse.
- *Fobofobia:* Temor al temor.

La pasada lista es una simple muestra de la enorme cantidad de fobias que existen y que oprimen, suprimen y deprimen a millones de seres humanos.

El temor es un cáncer maligno que, paulatina y sistemáticamente, se va comiendo los tejidos del alma. Es el mecanismo de control que Satanás utiliza para mantener a las almas esclavizadas.

En este libro no me refiero al temor en el sentido de la **actitud o sentimiento reverencial** que debemos tener hacia Dios. Ese temor, dicen las Sagradas Escrituras, *"es el principio de la sabiduría"* (Proverbios 1:7).

Tampoco me refiero al sentido de protección que nos libra de decisiones negativas; como la aprensión que sentimos antes de cruzar una avenida congestionada de tránsito, antes de tocar un objeto recién sacado del fuego o al pensar en tirarnos a un río crecido.

En los casos antes mencionados, el temor es un mecanismo emocional preventivo que nos protege de nuestros impulsos naturales y nos libra de la autodestrucción. Esa clase de temor puede ser saludable.

No obstante, en este libro, hablaré del temor obsesivo, maléfico y destructivo; ese temor paralizante que *"lleva en sí castigo"*, que neutraliza la fe y convierte la vida en miseria. Aquello que el Apóstol Pablo denominó: *"espíritu de temor"*.

Siendo el temor una realidad espiritual, para vencerlo no bastan los medios físicos y sicológicos, hace falta el ingrediente espiritual. Es preciso conocer la Palabra de Dios, pues ella es *"la espada del Espíritu"* (Efesios 6:17).

Como *"espada de dos filos"*, la Palabra de Dios *"penetra hasta separar el alma del espíritu"* (Hebreos 4:12). Es la Palabra de Dios, registrada en las Sagradas Escrituras, lo que nos guía a hacer una diferenciación clara entre lo que es el temor almático y aquel temor que es la manifestación de un espíritu de esclavitud.

En Proverbios 11:9, se expresa que *"los justos son librados por la sabiduría"*. Cuando el creyente aprende los principios bíblicos que dominan el reino espiritual, estos se convierten en armas de milicia que *"no son carnales sino poderosas en Dios para derribar las fortalezas y los argumentos* (el temor es una de esas fortalezas) *que se levantan contra el conocimiento de Dios"*, (2ᵈᵃ Corintios 10:4-5).

Mientras Pedro -basado en la Palabra del Señor- caminaba sobre las aguas turbulentas del Mar de Galilea no confrontó problema alguno. Fue cuando se concentró en la tempestad que comenzó a hundirse.

En aquel momento, no fueron las olas ni el viento los que cambiaron; fue la actitud de Pedro lo que causó que comenzara a sumergirse. El temor hizo que Pedro, en lugar de mantenerse enfocado en la Palabra del Señor, se concentrara en la tormenta.

El propósito de este libro no es negar la realidad del temor, sino guiarte a enfocarte en la palabra de Dios.

Cuando lo logres, podrás decir: *"Busqué al Señor, y Él me oyó, y me libró de todos mis temores. El Señor es mi luz y mi salvación, ¿De quién temeré? El Señor es la fortaleza de mi vida, ¿de quién he de atemorizarme?"*, Salmos 34:4; 27:1.

CAPÍTULO 1

El Temor: Entre la Comedia y el Dolor

El Temor De Un Niño

Un sudor frío bañaba, literalmente, mi cuerpo, mientras las piernas me temblaban. "¿Quién me mandaría?" –me preguntaba a mí mismo, sintiendo que las palpitaciones de mi corazón aumentaban en ritmo y volumen.

Cada paso me acercaba al momento crucial y el problema era que no había otro camino. La experiencia se grabó en mi juvenil memoria y está todavía fresca en mi recuerdo. Tenía 12 años de edad y vivía en el Barrio El Verde de Comerío, Puerto Rico. Mamá (así siempre llamé a mi madrecita) me había dado permiso para ir al colmado de Don Nando a jugar billar. "Te quiero aquí antes de las 8:00 pm", me dijo. "Sí, mamá", le contesté.

Al entrar al colmado, Pepito; Florito; Fernandito y otros jóvenes del barrio, todos mayores que yo, planificaban ir a pescar a la quebrada que desemboca en el Río de Sabana.

Todos me querían mucho, como si yo fuera el hermanito menor. "Cholito (así me decían en el barrio) ven con nosotros", me dijo Fernandito. Fue una tentación muy grande, pues nunca había ido a pescar. No pudiendo resistir, me le escapé a Mamá y me fui a pescar. No sabía que sufriría terribles consecuencias por mi desobediencia.

¡Qué emoción sentía! Me imaginaba sacando el "naso" lleno de "guábaras" y camarones. Los muchachos llevaban una compra completa: salchichas, galletas, sal, fósforos, ollas, etc. También llevaban quinqués (lámparas), machetes y, por supuesto, cervezas y licor. A mí me dieron a cargar la lata de galletas. Yo, siendo un niño, pensaba en las aventuras de ir a pescar de noche; ellos tenían en mente una vigilia de pesca y embriaguez.

Cruzamos la finca de Don Basilio y entramos a la quebrada que estaba más abajo de donde vivía Don Nate Carrucini. ¡Mi aventura de pesca había comenzado!

Casi no había camarones, pero sí muchas guábaras. Unos aguantaban el naso y los otros movíamos las piedras para hacer bajar la pesca.

El tiempo pasaba y comencé a preocuparme. "¿Cómo estará mi mamita? –pensaba– Ella me esperaba a las 8:00 pm y son las 9:00 pm.". "¿Cuándo nos vamos?", le pregunté a Florito; mi primo, hijo de Tía Luisa. "Muchacho, ahora es que esto está bueno", me contestó.

Pasaron las diez, y las once. A esa hora, las cervezas y el ron comenzaron a hacerles efecto. "¡Vámonos!", le dije a Fernandito. "Después que nos comamos las sopas", me respondió. Yo no sabía que ellos habían planificado hacer unas sopas con el producto de la pesca y acompañarlas con malangas sacadas de la ribera.

El reloj marcó las doce y apenas estaban juntando la leña para prender el "fogón". Yo tenía frío y estaba preocupado, pensando en el castigo que me daría Mamá. Entonces, ¿por qué no me iba solo? Porque tenía temor.

Para regresar a casa, antes de pasar por la tiendita de Don Nando, tenía que pasar por un lugar más arriba de la casa de Don Félix Rivera, donde había vivido un tal Don Piña.

Una mañana, años atrás, el barrio entero había sido sacudido, pues ese señor se había ahorcado de un árbol de mango que estaba frente a su casita de madera.

En aquella época dejaban pasar mucho tiempo para que un fiscal fuera a ordenar el levantamiento de un cadáver. Así que Don Piña estuvo todo un día colgando del árbol, ante la mirada atónita de todo un barrio.

Circulaban en todo el barrio múltiples relatos de personas que al pasar de noche por donde había vivido Don Piña, supuestamente, escuchaban quejidos lastimeros y cuando corrían sentían las pisadas del difunto corriendo tras ellos. ¿Ahora entiendes porqué yo no me atrevía a pasar por allí solo?

A la una de la mañana, después de intentar que alguno me acompañara, sin decirles la razón de mi temor, me dije: "Yo me voy". Cuando iba como a una media milla de distancia, escuché a Buno, el hijo de Doña Gelita, que me gritaba: "¡Cholito, cuídate de Don Piña, que te va a salir!". El temblor sacudía mi cuerpo y el pánico se apoderó de mí.

Estaba llegando al lugar. Me imaginaba y me parecía escuchar los quejidos lastimeros del difunto Don Piña, según las historias que tanto había escuchado. Me detuve a orar. Nunca había orado con tanto fervor. Le pedí perdón a Dios y hasta le prometí que le serviría.

No había otro camino. A ambos lados del sendero solo había mayas con espinas largas, ortigas y la famosa planta de pica-pica.

"La única forma de pasar es corriendo. Ya son como las dos de la mañana." –musité– "Es ahora o nunca". Parecía que el corazón se me quería salir. Mentalmente conté "A la una; a las dos y a las tres…" y comencé a correr.

Pasando justo al lado del árbol de mango, donde se había ahorcado Don Piña, sentí un ruido al lado del camino. La linterna que llevaba en mi mano se me cayó. Sentía las famosas pisadas del muerto detrás de mí, mientras escuchaba la voz burlona de Buno que me gritaba: "Cholito, te va a salir Don Piña".

Temblando, me caí hacia el lado del camino. Fui a parar sobre una maya y sentí que una multitud de espinas punzaban mi cuerpo. Me levanté y seguí corriendo. Ahora, sin linterna, se me hacía más difícil. Sentía que las pisadas me alcanzaban. Mirar hacia atrás, ¡ni loco!

Volví a caerme, me di con una piedra en el tobillo del pie izquierdo y se me salió el zapato. Creí escuchar los quejidos lastimeros de Don Piña; entonces corrí cojeando. Solté el otro zapato. Me dolían los pies y las piedrecitas del camino me molestaban. Vi la tiendita de Don Nando, llegué a la carretera principal y me dije: "¡Lo logré!".

Dando tumbos, llegué a mi casa. Toqué la puerta y salió mamita con la correa en la mano y llorando. Vi su cara de asombro al mirarme. Se dio cuenta de que algo terrible me había sucedido. Soltó la correa, me abrazó y me llevó al asiento. Se sentó, acomodó mi cabeza en su falda y comenzó a pasar su tierna mano sobre mi frente.

Yo deseaba decirle lo que me había pasado, pero no podía pues el llanto ahogaba mi voz. Estaba temblando. Mamá me dijo: "Mira cómo estás, cortado y con raspazos por todas partes. Voy a calentar agua para curarte".

¡Me dormí! Al otro día, Mamá me dijo que me había limpiado la sangre, me había untado pomada, me había lavado los pies y yo no me di cuenta.

Con el conocimiento que tengo ahora, sé que nunca el tal ahorcado Don Piña caminó tras de mí y nunca escuché ningún quejido lastimero. Todo fue una falsa percepción causada por el temor.

No me hizo huir la aparición de ningún muerto. Lo que me hizo huir, lo que me provocó dos caídas y me dejó con cortaduras en todo mi cuerpo fue un fantasma llamado temor.

El Temor, Un Pitbull Y Un Cincuentón

Escuché el usual anuncio de la azafata: "El capitán ha indicado que en unos momentos comenzaremos los preparativos para iniciar nuestro vuelo hacia la ciudad de Tampa, Florida". "Por fin", murmuré. El vuelo de Puerto Rico a Tampa, como regularmente sucede, estaba atrasado.

Dos semanas de predicación en Puerto Rico me habían dejado extenuado. Como de costumbre, incliné mi cabeza y oré. Agradecía al Señor por su fortaleza y por la gran victoria que me había concedido.

¡Qué cultos más gloriosos! Se evidenciaba cómo el Espíritu Santo se manifestaba. La atmósfera se tornaba electrizante.

Sí, durante la predicación muchos reían, pero en el llamado desfilaban hacia el altar gimiendo y llorando.

"¡Qué bueno es permitir que el Señor sea el protagonista! Con razón Él dijo: «*Yo, si fuere levantado, a todos atraeré a mí mismo*»", pensé.

El vuelo fue excelente. Esa noche viajaban muchos creyentes evangélicos (nosotros conocemos a nuestra gente). "¿Usted es Víctor Centeno, verdad?", me preguntó un hermano que se dirigía por el pasillo hacia el baño. "Sí, para servirle", le contesté. "Yo tengo su libro *A Fratequetazo Limpio*". Riéndome le corregí: "Oh, A Frasetazo Limpio quieres decir".

Al llegar a Tampa, el Pastor Armando Reyes me esperaba en el aeropuerto. Cuando entré a su casa en Clearwater, saludé a su esposa Mercy y a su hijo Bengy.

El Pastor Armando es un excelente cocinero. "Víctor, si quieres comer, ahí hay un fricasé de pollo como te gusta a ti", me expresó. "No, no caeré en la tentación. Estoy rendido, así que me voy a dormir.", le dije.

Desperté y miré el reloj. Ya eran las 7:30 am. "Voy a dormir una hora más", me dije. De momento, grité para mis adentros: "¡El programa!".

Había olvidado que, con una hora de diferencia, en Puerto Rico eran las 8:30 am y a las 9:00 am comenzaba mi programa por Radio Clamor.

No había dejado nada grabado, así que me levanté a prisa. Luego del proceso higiénico, tomé mi Biblia y una carpeta. "Esta gente está durmiendo y no los voy a despertar. Daré el programa desde mi celular", me dije.

Miré por el cristal de la puerta de la cocina y noté que el paisaje era hermoso. Había una pequeña piscina con varias mesas alrededor y un árbol frondoso al otro lado.

"Ajá" —me dije con emoción— "Ahora me voy allí, disfruto el paisaje y doy el programa, hablando con libertad y sin despertar a nadie".

No sabía que estaba a punto de vivir uno de los momentos más dramáticos de mi vida. Abrí la puerta y bajé la escalera. Puse la Biblia y la carpeta sobre una mesa y comencé a hacer ejercicios de respiración. Respiraba profundamente y meditaba en el contenido del programa.

De repente, escuché un ruido y al instante, su boca estaba junto a mi boca y su cabeza paralela a la mía... ¡hasta pude oler su aliento! Miré dentro de su boca y percibí sus filosos dientes... ¡su amplia mandíbula me dejó petrificado!

El Pastor Armando tenía un perro de raza pitbull, suelto, en el área de la piscina. No me había dicho nada pues nunca pensó que yo me levantaría temprano y me iría a ese lugar.

El pitbull se llama Tyson. Quizás porque su fortaleza es análoga a la del otrora troglodita que intimidaba tanto a sus rivales que cuando éstos subían al "ring" a boxear ya lucían derrotados.

¡No lo vi venir! Todo fue tan rápido; sentí sus dos patas sobre mi pecho. Como soy bajito en estatura, al levantarse, su cara quedó junto a la mía, como si fuera a besarme.

Me dije: "Hasta aquí llegué". Él hacía un ruido raro, como diciéndome: "te voy a devorar". Yo temblaba de la impresión. "Señor, si tú no intervienes, yo voy a pelear con este perro", dije para mis adentros.

Deslicé mis manos hacia mi cintura, busqué mi correa y ¡no me la había puesto! Estaba a manos vacías, sin nada para defenderme de aquella fiera.

Milagrosamente, él quito sus garras de mi pecho y se bajó, procediendo a dar círculos a mi alrededor mientras emitía su peculiar sonido. Bien suavemente, de manera casi imperceptible, comencé a dar pasos hacia la puerta.

En mi último mensaje en Puerto Rico había predicado sobre el tema: "Cinco pasos de fe". Ahora estaba dando veinte pasos de temor que parecían una eternidad.

Llegué a la puerta, la cerré a toda velocidad y suspiré. Luego recordé: "¡El programa!". Faltaban cinco minutos y para colmo, las notas en la carpeta y la Biblia se me habían quedado en la mesa al lado de Tyson.

¿Volver a buscarlos? ¡Ni loco! Marqué el número, escuché al locutor hacer la presentación: "Y ya con ustedes, el Dr. Víctor Centeno en el programa: Enfoque Sanador". Respiré hondo, aún estaba sudando frío y comencé: "Este es el día que ha hecho el Señor; nos gozaremos y nos alegraremos en él"...

Conduje el programa sin Biblia, sin notas y terminando de vivir una experiencia traumática. Todo quedó como si se hubiese planificado al detalle.

Después del programa me contacté con el hermano que tomaba las llamadas. Para mi sorpresa, me dijo que muchas personas habían llamado pidiendo la oración y testificando que el programa les produjo mucha bendición.

¡Paradojas de la vida! Siempre tuve aprensión de los perros, pues a la edad de ocho años una perra me mordió y esa es la única cicatriz notable que tengo en mi cuerpo.

Desde mi encuentro con Tyson, siendo ya un cincuentón, no le temo a ningún perro. Claro, peor que esa experiencia con aquel troglodita, no podré tener.

Moraleja: Es posible que el elemento sorpresa nos haga chocar frontalmente con la cruda realidad de peligros y ataques inminentes.

No obstante, aunque en tales circunstancias experimentemos el temor natural, éste será momentáneo y no podrá neutralizar nuestro llamado y misión espiritual.

Entre El Dolor Y El Temor

Me encontraba en la hermosa tierra nicaragüense. Los pastores Nehemías Montañéz y Danilo Reyes me acompañaban en el viaje de Managua a Masaya, la ciudad de los volcanes. El paisaje hermoso, los vendedores al lado de la avenida principal, el despliegue de fina artesanía...

De momento, se comenzó a evidenciar el cambio en la topografía y el olor en el aire era distinto. Nos aproximábamos a la zona volcánica.

"¡Pastor Danilo detente, mira qué hamacas más lindas!". La mezcla de colores, la calidad textil, el bordado... "¡Esto sí que es arte!", pensé. "¿Puedo sentarme en esta?". "Sí, cómo no", me contestó el vendedor.

En fracción de segundos, estaba en el piso. El dolor era acuciante. Me sentía paralizado. La hamaca se había soltado y yo había caído sobre una superficie rocosa, natural de una zona volcánica.

Me repuse como pude y logré subir al área desde donde se podía mirar el enorme cráter del volcán. Demás está decir que mi estado anímico había cambiado.

El resto del viaje fue penoso. Pararme, sentarme, dormir; en fin, todo movimiento presuponía tremendo dolor.

De regreso a Puerto Rico fui a ver a mi amigo, el Dr. Pedro Sanabria. Este me envió a sacarme unas placas. "Efectivamente, tienes un disco herniado", me dijo. Tiempo después, el dolor era tan fuerte que me inmovilizaba. "Una inyección de cortisona hará un bloqueo en el área afectada y te puede ayudar" ¡Y me ayudó por 8 años!

Ya era el año 2009 y la condición del disco herniado había empeorado. El MRI (la prueba de imagen de resonancia magnética) que me tomaron en noviembre de ese año, reflejaba que el disco estaba pinchando el nervio ciático. Esta vez, el bloqueo con cortisona no fue efectivo.

Mi dolor se agudizaba; no podía levantarme ni aún ponerme las medias: ¿cómo podré predicar?, ¿cómo podré viajar y estar largas horas sentado en un avión?

Fue algo sumamente doloroso tener que cancelar toda la agenda de predicación, pero tuve que llamar a los pastores y explicarles. Entonces, comencé a sentirme inútil e impotente.

Me sometí a otro bloqueo con cortisona y solo sentí que mi condición empeoró. Ahora solo podía estar acostado en el piso todo el tiempo. Por ambas piernas circulaba un dolor punzante que me torturaba. En el área lumbar, sentía como si un perro me estuviera mordiendo y en lugar de soltar la mandíbula, cada vez la apretaba más.

Otro MRI y la noticia del neurocirujano: "Hay que operar para hacerte una fusión. Estarás tres días hospitalizado y de cuatro a seis meses en recuperación. Al principio utilizarás un andador y luego tomarás hidroterapia".

El temor comenzó sutilmente a hacer su entrada. Me preguntaba: "¿qué pasará?, ¿cómo saldré?, ¿cuál será el final de esta prueba?". Entonces, mis experiencias con Dios y el conocimiento de las Sagradas Escrituras vinieron a ayudarme.

La Segunda de Corintios 10:4-5 sonaba en mi mente: *"porque las armas de nuestra milicia no son carnales, sino poderosas en Dios para la destrucción de fortalezas, derribando argumentos y toda altivez que se levanta contra el conocimiento de Dios, y llevando cautivo todo pensamiento a la obediencia a Cristo".*

Para ese momento la agenda del médico estaba llena, razón por la cual, tendría que esperar de enero a marzo para ser operado. ¿Cómo soportaré el dolor? Me negaba a tomar pastillas. Oraba, declaraba y lloraba ante el Señor.

Mi esposa Noemí me vestía y me llevaba a las citas. Prácticamente, yo dependía completamente de ella. A veces, si intentaba ponerme sobre mis pies, sentía como si mis piernas estuviesen siendo martilladas contra el área lumbar. Sin embargo, el peor dolor no era el físico sino el emocional. Saber que mi esposa estaba enfrentando todo el proceso y sufriendo al verme sufrir, era sumamente doloroso.

Los días pasaban, la espera se tornaba insoportable y el temor tocaba a la puerta. Pero, una y otra vez, 2da Corintios 10:4-5 iluminaba mi interior: *"llevando todo pensamiento cautivo a la obediencia a Cristo"*.

Un día Noemí llegó radiante. Su rostro reflejaba sensibilidad, dulzura, paz interior y amor genuino. Parecía llegar de una cita con Dios. Lucía como si el cielo la hubiera besado. "Entra en Facebook y comienza a ministrar", me dijo. Utilizando mi laptop y acostado en el piso, comencé a conocer pastores de distintos países y a publicar notas y comentarios edificantes.

Poco a poco, comenzaron a llegar peticiones de oración, me llamaban personas pidiendo consejería y, en ocasiones, ¡ni sentía el dolor!

Una mañana amanecí con una rara combinación de dolor y gozo. Tan paradójica era la sensación que creí que estaba enloqueciendo. "No sé lo que me está pasando. ¿Cómo es posible que yo esté tan gozoso en medio de este dolor?", le dije a mi esposa. Entonces, este pensamiento surcó y llenó mi mente: "La mejor manera de vencer algo negativo, es concentrarse en algo positivo".

¡Pues voy a escribir un libro! Me sentía tan inspirado que deseaba transportarme a la atmósfera, cruzar el espacio sideral, arrancar una estrella, degollarla y sacrificarla a los pies del Señor, en holocausto.

"¿Cuál es mi batalla mayor en este momento? ¿Será el dolor físico? ¿Tal vez la situación económica?", me pregunté. Rebuscando en mi interior, descubrí que era mi batalla contra el temor. Temor al futuro, temor a quedar postrado, temor a no poder realizar mi llamado efectivamente...

Entonces el "photizo", la iluminación divina, llenó mi ser interior y me dije: "¡Lo tengo! El libro se llamará: Cómo ser Libre del temor".

Esa fue el génesis de este libro. Escribiéndolo, en medio del dolor, llegó el día 22 de marzo de 2010. Todo estaba listo. Sería operado dos días después, el miércoles 24 de marzo.

Noemí llegó, entró al cuarto, y por su expresión facial supe que tenía noticias no muy agradables para darme. "No serás operado el miércoles", me dijo. Ante mi cara de asombtoro prosiguió: "El doctor tuvo que cancelar la operación porque el seguro médico no la aprobó".

Otra vez los pensamientos preocupantes me bombardeaban: "Y ahora ¿qué?, ¿continuar en dolor?, ¿y qué será del ministerio?". Noemí me miraba: "Yo hice todo lo que pude. Tú no sabes las horas que he pasado al teléfono hablando con esa gente y soportándoles su dichosa burocracia de pasar a uno de oficina a oficina, sin que nadie me dijera nada concreto". Las lágrimas corrían por su rostro.

Su sentimiento de impotencia ante la canallesca actitud de la gente de la compañía de seguro, se traslucía en su rostro. Sus sollozos se me hacían más insoportables que mi dolor. "Todo obrará para bien", le dije.

Llegó el día 23 de marzo del 2010, uno que nunca olvidaré. Tan pronto Noemí salió a trabajar, comencé a orar: "Señor, me rindo ante ti. ¿Sabes qué? No habrá nada que me haga dudar de tu realidad y de tu bondad. Si me sanas, testificaré de tu poder. Si no me sanas y finalmente me operan, seguiré predicando de tu poder. Si la operación no queda bien y no puedo salir a predicar; entonces, ¡moriré escribiendo de tu poder!".

Por una Dios-cidencia, el Pastor Luis Alberty de Puerto Rico, me había pedido un comentario para su libro: *"Cuando el quebrantamiento produce vida"*. Para hacer el comentario, tuve que leerlo. El contenido del libro tocó áreas sensibles de mi vida. Áreas en las cuales estaba siendo quebrantado.

Hasta ese momento, había intentado controlar el resultado de la situación; ahora estaba poniendo todo el asunto en las manos del Señor.

En la mañana del día 24 de marzo, mientras mi esposa se preparaba para salir a trabajar, hice un intento por levantarme. Anteriormente lo había intentado, pero en la mayoría de las veces me mareaba y tenia que volver a mi estado de postración.

En esa ocasión, fue algo diferente, sentí un oleaje de calor que bañaba mi cuerpo. Entonces, me levanté y comencé a dar pasos. Al llegar a la cocina, mi esposa me miró con asombro. Yo sonreí y le señalé con un dedo hacia arriba, dándole a entender que Dios había hecho el milagro.

De repente, sentí un alivio tan grande que me reía de la alegría. El 24 de marzo del 2010, la operación no se efectuó, pero el largo proceso de quebrantamiento había concluido. Al soltar el control, el temor me soltó a mí.

El domingo 28 de marzo prediqué en la iglesia que pastoreo junto a mi esposa, sobre el tema: "El desafío del temor".

Cada día, sentía una mejoría sostenida y progresiva. Poder ponerme mis zapatos, caminar, conducir el automóvil, etc., era una experiencia sensacional. Comencé a reprogramar los compromisos de predicación que había cancelado y a tomar nuevos compromisos.

Al momento de esta edición, han pasado 7 años. He viajado intensamente a congresos y giras de predicación y he manejado automóviles por muchas horas. Mi testimonio de sanidad ha levantado la fe de muchos enfermos que también han sido sanados.

Recuerdo que cuando comencé a escribir la primera edición de este libro estaba postrado en el valle del dolor. Puedo decir que en aquellos días enfrenté al gigante del temor. Hoy recuerdo el momento jubiloso que viví al terminar de escribirlo, totalmente sano y sin ningún dolor. Literalmente he vivido el título de este libro: *"Como ser Libre del temor"*.

CAPÍTULO 2

El Temor: ¿Qué es?

La famosa columnista se acomodó en su asiento para una de sus tantas entrevistas televisivas. Luego de una pausa comercial, la moderadora le preguntó: "¿Cuántas cartas recibe usted diariamente?". Ann Landers, conocida por sus famosos consejos que se publican en periódicos a través de todo el mundo, contestó: "Recibo más de diez mil cartas cada día."

La moderadora continuó su línea de preguntas: "Y, ¿cuál es el problema que se refleja con más frecuencia en sus cartas?". La Señora Landers, mirando fijamente a la cámara, contestó con una sola palabra: "¡Temor!".

Curiosamente, la génesis del temor la encontramos registrada en el libro del Génesis. El día en que Adán desobedeció a Dios, el temor hizo su entrada en el mundo. Desde la emisión de la célebre frase *"tuve miedo y me escondí"*, la humanidad ha vivido bajo el yugo del temor, el cual se ha convertido en una pandemia universal.

El temor no conoce fronteras; es uno de los elementos más destructivos de la raza humana. Abate al pobre que teme perder lo poco que le queda y al rico que teme perder su abundancia. Asedia al niño que teme quedarse solo y al anciano que le teme a la muerte.

El temor es la causa de los celos, la amargura y la depresión. Destruye relaciones, impide el progreso académico, anula la convivencia social e impide el compromiso espiritual.

Es interesante notar que, en el griego original, existen tres términos para la palabra "temor": Eulabeia, Phobeo y Deilia.

- *Eulabeia:* se utiliza en referencia al temor reverencial que debemos tenerle a Dios.
- *Phobeo:* define al temor alarmante y paralizante que se le puede tener a alguien o a algo.
- *Deilia:* simplemente describe la expresión de timidez o de cobardía.

Según el American Heritage Dictionary, el temor es "un sentimiento de agitación y ansiedad extrema causada por la presencia de un peligro eminente. Una emoción perturbadora que se evidencia ante el presagio de algún peligro, dolor o pérdida".

Aunque la definición anterior es buena desde la perspectiva natural, no necesariamente nos proporciona el significado completo de lo que es el temor. Entonces tenemos que plantearnos la pregunta: "Bíblicamente, ¿qué es temor?".

El Temor Es Un Efecto Del Pecado

Antes de su acto de desobediencia, Adán y Eva disfrutaban de una íntima comunión con Dios y, aunque estaban desnudos, hablaban cara a cara con él sin ningún sentimiento de vergüenza o temor.

Cuando, al desobedecer, cayeron en pecado, todo fue diferente. El contraste se evidenció cuando Dios le preguntó a Adán: *"¿Dónde estás tú?"*. La contestación de Adán es reveladora: *"Tuve miedo y me escondí"*. Dicha respuesta expresa una realidad que antes no existía. La realidad del temor.

¿Por qué Adán tuvo miedo? ¿Acaso no había hablado con Dios cara a cara antes de su caída? Es obvio que juntamente con el pecado viene la culpabilidad, el sentimiento de vergüenza y la autoconsciencia; cosas que son generadoras de temor. Es evidente que el temor es un efecto directo de una causa llamada pecado.

La Perversión De La Fe

Generalmente se habla del temor como lo opuesto a la fe y de la fe como el antídoto del temor. Aunque tal declaración es cierta, creo que se hace necesario considerar otro ángulo de la relación existente entre el temor y la fe.

Sabemos que Satanás no posee ningún poder creativo. Lo que sí puede hacer es pervertir lo que Dios ha creado. Satanás es un truculento y enfermizo ser que se deleita en corromper las cosas positivas.

Eso es precisamente lo que ha hecho en el caso del temor. Ha tomado la fe, el elemento que pone al hombre en relación y comunión con Dios y la ha desnaturalizado y pervertido, convirtiéndola en su contraparte; el temor.

En realidad, el temor es fe en reversa. Según la fe se relaciona con el acto de creer, el temor también es una creencia.

Fe es creer en la habilidad de Dios para manifestar bendiciones y prosperidad a nuestras vidas. Temor es creer en la habilidad del diablo para manifestar maldición y calamidad en nuestras vidas.

Cuando Satanás logra pervertir la fe que Dios intentó que tuviéramos en Él, entonces la redirige hacia sí mismo, en forma de expectación negativa. Por eso, la Biblia señala que *"todo lo que no proviene de fe, es pecado"* y afirma, enfáticamente, que *"sin fe es imposible agradar a Dios"* (Romanos 14:23; Hebreos 11:6).

En el capítulo 5 del libro de Marcos, la Biblia registra una historia interesante. Jairo era el principal de una sinagoga y su hija estaba gravemente enferma. Cuando escuchó hablar de Jesús, la fe de aquel líder religioso se despertó. Inmediatamente fue a donde Jesús se encontraba y, logrando captar su atención, le dijo: *"Mi hija está gravemente enferma, ven y pon las manos sobre ella y sanará"*.

Jesús accedió a la petición de Jairo y comenzó a caminar junto a él en la ruta hacia el milagro. Repentinamente, llegaron unos informantes con la mala noticia de que la muchacha ya había muerto.

Satanás aprovechó la ocasión para pervertir la fe de Jairo. Puedo ver el semblante de aquel hombre decaer. Me imagino su rostro reflejando una mueca de dolor y proyectando un terrible temor.

Al verlo, Jesús intervino rápidamente y le dijo: *"Jairo, no temas; cree solamente"*. Si parafraseamos la expresión, ¿qué era lo que Jesús le estaba diciendo?

"Jairo, no permitas que el enemigo pervierta tu fe utilizando esta noticia negativa". De no ser por la rápida intervención de Jesús, la misma fe que hasta ese momento Jairo había expresado, hubiera sido pervertida y convertida en temor. Como resultado, el milagro hubiera sido anulado.

En términos sencillos, temor es dudar de Dios y creerle al diablo. He ahí la perversión de la fe.

El Temor Es Un Espíritu

Un considerable número de teólogos, profesores bíblicos y predicadores, pasan por alto el hecho de que el temor es un espíritu. Cuando hablan del temor, lo presentan como una actitud o como una simple emoción negativa.

Ese catastrófico error ha hecho mucho daño a la comunidad eclesial. ¿Cómo los creyentes pueden lidiar con un espíritu, mientras creen que están batallando contra algo natural? ¿Cómo enfrentaremos al espíritu de temor en la forma correcta, si poseemos una conceptualización errónea de su naturaleza?

El Apóstol Pablo, en 2ᵈᵃ Timoteo 1:7 expresó: *"Porque Dios no nos ha dado espíritu de temor sino de poder, amor y dominio propio"* (RVA).

Un pasaje escritural análogo es Romanos 8:25, donde Pablo manifiesta: *"Pues no habéis recibido espíritu de esclavitud para andar otra vez en temor"*.

Estos textos son contundentes y establecen que el temor trasciende el aspecto físico y almático. **El temor pertenece al ámbito espiritual.**

En el subtítulo "la perversión de la fe", manifesté que el temor es fe en reversa. Es lógico entender que, si la fe pertenece al mundo espiritual, de igual modo sucede con el temor que es su perversión.

Como ente espiritual, el temor no siempre es claramente identificable. A veces está sumergido en el subconsciente y, en ocasiones, se encuentra arraigado en el espíritu humano. Una de las áreas en las cuales se evidencia la manifestación del espíritu de temor es en las sectas religiosas. Estoy convencido de que, como "espíritu de esclavitud", el temor se encuentra detrás de movimientos religiosos que, negando el sacrificio completo de Jesucristo, postulan la salvación basada en obras y méritos humanos.

De hecho, cuando Pablo habla del "espíritu de esclavitud" en Romanos 8, lo hace en referencia a quienes pretendían seguir implementando la ley, aún después que Cristo la cumpliera y la clavara en la cruz (Colosenses 2:14-15).

El no comprender el alcance de la obra redentora de Jesucristo, produce temor. Cuando un creyente no entiende que cuando Jesús dijo *"consumado es"*; consumado fue, intentará aportar su parte en el proceso salvífico y manufacturar su propia santidad. Tal tarea es tan enorme que produce temor. Temor a quedarse corto, temor a no poseer suficientes méritos, temor a fallar y a no lograrlo.

El aspecto que acabo de mencionar es solo un ejemplo de la amplia operación que posee el temor. Se hace más fácil comprender cómo opera el temor observando las consecuencias que se evidencian cuando se manifiesta. Consideremos algunas de las cosas que el temor produce.

1.	El temor lleva al hombre a intentar "huir" y a "esconderse" de la presencia de Dios (Génesis 3:8-10).

2. El temor puede robarle la victoria al pueblo de Dios e impedirle poseer la tierra de la promesa, tal como le ocurrió a Israel (Números 14:20-24; 28-30).

3. El temor puede llevar a una persona a un estado de confusión, distorsionar su personalidad y conducirle al espiritismo (1ra Samuel 28).

4. El temor hace que un creyente oculte sus convicciones y niegue a su Señor (Mateo 26:69-75).

5. El temor puede convertirse en una profecía autorealizada y hacer que una persona reciba exactamente lo que teme recibir (Job 3:25).

6. El temor hace que una persona se aterrorice y se hunda ante las tormentas de la vida (Mateo 14:30).

7. El temor inhabilita e incapacita a sus víctimas para las batallas de la vida (Jueces 7:1).

8. El temor es un lazo que atrapa, aprisiona y paraliza a quienes caen en sus redes (Proverbios 29:25).

9. El temor es una fuerza esclavizante que te puede impedir disfrutar tu libertad en Cristo (Romanos 8:15).

10. El temor lleva a un creyente a poner excusas frívolas ante el llamamiento divino (Éxodo 3:6-16).

11. El temor provoca que un ministro esconda sus principios y se convierta en un hipócrita (Gálatas 2:11-14).

12. El temor lleva en sí castigo porque es un espíritu atormentador que no proviene de Dios (1ra Juan 4:18).

De todas estas "obras del temor" que he enumerado, el punto número 12 es el más significativo. La Biblia presenta el temor como algo más que una emoción negativa. **Bíblicamente el temor es un espíritu.**

Como entidad espiritual, el temor es altamente transferible. Hay personas que imparten a otros su espíritu de temor. Por ende, debemos cuidarnos de ellos. Ese es el tema del próximo capítulo.

CAPÍTULO 3

Transferencia del Espíritu del Temor

Uno de los peligros que presenta el espíritu de temor es que es fácilmente transferible. Sabemos que algunas enfermedades causadas por virus son transferibles a través de los gérmenes que pasan, de persona a persona, mediante el contacto físico o sexual.

De manera semejante, en el ámbito espiritual, el temor puede transferirse de una persona a otra a través de conversaciones, amistades o en las relaciones líder-adepto.

Cuando hay personas que están en ciertas posiciones de liderazgo, imbuidas del poder de influencia que dichas posiciones les otorgan y —a su vez— están poseídas por el espíritu de temor, pueden contaminar a toda una comunidad.

Un claro ejemplo se encuentra en el relato de la misión de los doce espías. Los capítulos 13 y 14 del libro de Números, registran que Moisés envió a doce espías a explorar la tierra de Canaán.

Ellos tenían que investigar cómo era la tierra. Si el pueblo que habitaba en ella era fuerte o débil; si pocos o numerosos; si las ciudades eran fortificadas, etc. Tenían que traer un informe de viabilidad que facilitara el proceso decisorio para ir a la guerra contra Canaán o desistir.

Cuando llegaron los espías, después de cuarenta días de exploración, rindieron sus opiniones particulares ante Moisés y ante todo el pueblo.

En ese momento se produjo un choque de criterio. Diez espías, poseídos por el temor, alegaron que las ciudades eran grandes y fortificadas y que sus moradores eran gigantes.

Concluyeron que era imposible salir en guerra contra los cananeos. El espíritu de temor en ellos era tan fuerte que los llevó a exagerar la realidad. Dijeron que la tierra se tragaba a sus moradores y que sus hombres eran tan gigantes que ellos eran, a su parecer, como langostas delante de ellos. (Versos 32-33)

Josué y Caleb hablaron al pueblo en un intento de impartirle fe y declararon que el Señor les entregaría la tierra. Sin embargo, el daño estaba hecho. Ya el espíritu de temor que habitaba en los diez espías negativos se había transferido a toda la nación de Israel.

¿Te das cuenta de cómo el temor en un grupo de líderes puede transferirse a todo un pueblo? Como consecuencia, el pueblo comenzó a gritar, a protestar y a hablar contra Moisés.

El pánico se apoderó de todo un pueblo que fue influenciado por las palabras negativas de diez hombres con poder de influencia. Se creó un descontrol total y en un estado de confusión, se decían unos a otros: *"Designemos un capitán y volvamos a Egipto"*. (Números 14:4)

El temor transferido, se convirtió en temor colectivo. ¿Qué sino un espíritu de temor llevó al pueblo a ese estado de neurosis y rebelión contra Dios?

Josué y Caleb, reconociendo que el temor era la causa detrás de aquel cuadro de terror, le decían al pueblo: *"No seáis rebeldes contra Jehová, ni temáis al pueblo de esa tierra... con nosotros está el Señor, no les temáis"*. ¿Sabes cuál fue la respuesta del pueblo? *"Entonces toda la multitud habló de apedrearlos"* (Números 14:10).

Como resultado, Dios le dijo a Moisés: *"No verán la tierra, no, ninguno de los que me han irritado la verá. Diles: vivo yo, dice el Señor, que según habéis hablado a mis oídos, así haré yo con vosotros"* (Números 14:20-23 y 28).

Por permitir que diez líderes en autoridad los influenciaran y les transfirieran su espíritu de temor, toda una generación de israelitas pereció dando vueltas en el desierto.

Con sobrada razón Jesucristo dijo: *"Mirad pues cómo oís"* (Lucas 8:18). Lo que escuchamos no sólo nos afecta mentalmente, sino que puede afectarnos espiritualmente. El sentido de la audición es una de las puertas por donde entra el espíritu de temor.

Mientras escribo estas palabras, entiendo que Dios me está impulsando a decirte: "Ten cuidado al elegir tus amistades. No todo el que se acerca a ti y te brinda amistad viene de parte de Dios. Hay personas que son agentes del enemigo, enviados para transferirte temor y para esclavizarte.".

No olvides que toda persona que admitas en tu círculo de amistades te influenciará para bien o para mal. ¡Qué necesario se hace que atendamos las palabras de Proverbios 13:20! *"El que anda con sabios, se hará sabio; más el que se junta con necios, será quebrantado"*.

Aún en las relaciones familiares, debemos cuidar que nuestros padres, hijos o cónyuge, no nos transfieran espíritu de temor. En este caso, es necesario atender al precepto bíblico: *"que se conviertan ellos a ti pero no tú a ellos"* (Jeremías 15:19).

Como Pastor, soy testigo de un caso gráfico de transferencia de temor. La hermana Antonia era una fiel adoradora, líder activa en la congregación, comunicativa, amable y dadivosa. Cuando esta hermana se enamoró del hermano Jaime, este fingió integrarse a la iglesia y apoyar lo que la hermana Antonia postulaba; hasta que se casaron.

Poco a poco, el hermano Jaime fue proyectando su personalidad temerosa y cobarde en la hermana Antonia. Llegó el momento que la hermana Antonia estaba tan despersonalizada que ella y su esposo parecían gemelos.

Luego, renunció a sus responsabilidades en el ministerio por "temor a no poder cumplir como es debido". Más adelante dejó de participar en los momentos de koinonía por "temor a que la envolvieran en chismes".

Al final, dejó de ofrendar y sembrar financieramente, por "temor a quedarse corta en el cumplimiento de sus pagos mensuales".

La hermana Antonia dejó a un lado todo lo que le había dado bendición y crecimiento espiritual, por un temor que antes, en las peores circunstancias, nunca había manifestado.

¿Qué provocó ese cambio en la percepción y en la actitud de la hermana Antonia? La respuesta es clara. Al no saber discernir, ella permitió que su esposo le transfiriera su espíritu de temor y por ende, su estilo de vida.

Satanás utiliza los lazos sentimentales y las relaciones almáticas para oprimir, deprimir y exprimir a millares de almas con temor. Peor aún, usa a familiares para transferir el espíritu de temor y llevar familias enteras a la ruina espiritual.

He sabido de hijos que andan robando y drogándose junto con sus padres. En esos casos, estos no solo recibieron de sus padres los genes con características físicas, sino que recibieron el espíritu perverso que opera en sus padres a través de una transferencia.

Así pasa también con el temor. Por tanto, debemos desasociarnos de aquellas personas que, como el mosquito Aedes Aegypty, son portadores y agentes de transferencia del virus del temor.

CAPÍTULO 4

El Temor Frente a las Batallas de la vida

Cualquier batalla posee el potencial para causarnos agotamiento físico y presión emocional. Si, en adición a eso, enfrentamos a un enemigo que nos intimida, el temor asume una dimensión fantasmagórica.

Simplemente, hay batallas que quisiéramos evitar porque el enemigo nos intimida. El registro bíblico del desafío del troglodita Goliat contra el ejército de Israel es un ejemplo gráfico.

Goliat medía nueve pies con nueve pulgadas (dos pies y medio más que Shaquille O'Neal); cargaba una armadura de 150 libras y la cabeza de su lanza pesaba 25 libras. Si a esos detalles le añadimos 350 libras de músculos, tenemos un cuadro escalofriante.

Como si su poderío físico no fuera suficiente, Goliat poseía una personalidad cínica y una actitud sarcástica y desafiante. ¿Te imaginas la capacidad intimidante de tal mastodonte?

Aquel "tanque de guerra", anclado sobre la cúspide de una montaña vociferaba: "¡Busquen a un soldado que pelee conmigo!" Mientras lo miraban, los soldados de Israel fueron víctimas de una megalofobia tal, que temblaban de pies de cabeza.

Goliat capitalizó al máximo su superioridad física y utilizó las palabras como vehículo para lograr que el temor colectivo se apoderara de todo el ejército de Israel.

Cuando enfrentamos una batalla, ya sea en el área espiritual, en el plano de las relaciones, en nuestro entorno social, trabajo, negocios, etc., se hace preciso discernir las palabras del oponente.

Saúl, que era un estratega militar y casi tan corpulento como Goliat (1ra Samuel 9:2), se sintió impotente ante las palabras desafiantes del gigante.

Los soldados, aterrorizados, también buscaban la forma de evadirlo, ¡hasta que apareció en escena un joven de la ciudad de Belén!

David, tan pronto se enteró del reto, comenzó a buscar la forma para poder llegar y enfrentarlo. ¿Qué hacía la diferencia entre David y el ejército de Israel?

Él ni se miraba a sí mismo, ni se fijaba en Goliat. Se negó a cometer el error de todos los soldados de Israel y no cayó en la mentalidad comparativa.

David sacó la batalla del plano natural y la trasladó a la esfera espiritual. Él veía la batalla con una óptica diferente. ¿Qué percibía David? Él veía al diosecito manufacturado por los filisteos detrás de Goliat y contemplaba al eterno y todopoderoso Jehová detrás de sí.

Mientras observaba a Goliat, David hizo remembranza de cómo el Señor lo había librado de los leones y de los osos. (1ra Samuel 17:34-36) Fortalecido y motivado por el recuerdo de sus experiencias victoriosas, expresó: *"Este filisteo incircunciso será como uno de ellos."* (1ra Samuel 17:36).

Esa confianza absoluta en Dios, producto de su experiencia espiritual, fue lo que prácticamente lo inmunizó ante el virus del temor. La boca grande y el lenguaje intimidante del gigante Goliat no lograron penetrar la coraza de fe que protegía a David.

Cuando Goliat maldijo a David, le dijo: *"Ven a mí, y daré tu carne a las aves del cielo"*, entonces David le respondió: *"Yo vengo a ti en el nombre de Jehová de los ejércitos... Jehová te entregará hoy en mi mano y yo te venceré y te cortaré la cabeza..."* (1ra Samuel 17:45-46).

Mientras Goliat hablaba de su batalla contra David, David hablaba de la victoria de Jehová sobre Goliat. David no se dejó intimidar; al contrario, su boca sobrepasó a la de Goliat. No solo habló David más que el filisteo, sino que le hizo todo lo que había dicho que le haría.

David sabía que, aunque su carne le podía fallar, el Dios que lo había elegido no le fallaría. Tiempo más tarde, en el Salmo 18:39, le manifestaba al Señor: *"Tú me has armado para la batalla"*.

Recordando su encuentro con Goliat, David expresó: *"Jehová es mi fortaleza y mi escudo; en Él confió mi corazón, y fui ayudado"* (Salmo 28:7).

En Isaías 36, encontramos al pueblo de Dios enfrentando otra batalla difícil. Senaquerib, Rey de Asiria, tomó las ciudades fortificadas de Judá y se proponía conquistar a toda la nación. Astutamente, envió a un tal Rabsaces a intimidar al pueblo de Dios con un mensaje de terror.

Isaías 36:13-18 lo registra así: *"Entonces el Rabsaces se puso en pie y gritó a gran voz en lengua de Judá, diciendo: Oíd las palabras del gran rey, el rey de Asiria. El rey dice así: No os engañe Ezequías, porque no os podrá librar. Ni os haga Ezequías confiar en Jehová, diciendo: Ciertamente Jehová nos librará; no será entregada esta ciudad en manos del rey de Asiria. No escuchéis a Ezequías, porque así dice el rey de Asiria: Haced conmigo paz, y salid a mí; y coma cada uno de su viña, y cada uno de su higuera, y beba cada cual las aguas de su pozo, hasta que yo venga y os lleve a una tierra como la vuestra, tierra de grano y de vino, tierra de pan y de viñas. Mirad que no os engañe Ezequías diciendo: Jehová nos librará. ¿Acaso libraron los dioses de las naciones cada uno su tierra de la mano del rey de Asiria?"*

Sin duda, este Rabsaces dominaba el arte de la manipulación y utilizaba sus palabras como arma de intimidación. Parece que era un digno imitador del estilo de Goliat.

Primero, Rabsaces le estaba diciendo al pueblo: *"No os engañe Ezequías"*. Con esto alimentaba la desconfianza del pueblo en su líder. Luego les decía: *"Jehová no los librará"*. De esta manera les sembraba desconfianza en su Dios.

Cuando Eliaquim, Sebna y Joa, siervos de Ezequías, oyeron aquella diatriba, se marcharon y se lo comunicaron al Rey Ezequías, el cual, oyéndolo *"rasgó sus vestidos"*.

Ante aquella difícil coyuntura, el Rey Ezequías, conociendo que el temor se había apoderado del pueblo, *"envió a Eliaquim, a Sebna y a los ancianos de los sacerdotes a donde se encontraba el profeta"* (Isaías 37:2).

Es impresionante meditar en la palabra que en aquel momento crucial de la batalla habló Dios a través del Profeta Isaías: *"Y les dijo Isaías: Diréis así a vuestro señor: Así ha dicho Jehová: No temas por las palabras que has oído, con las cuales me han blasfemado los siervos del rey de Asiria. He aquí que yo pondré en él un espíritu, y oirá un rumor, y volverá a su tierra; y haré que en su tierra perezca a espada."*.

El mensaje de Dios fue directo, conciso y preciso: *"No temas por las palabras que has oído con las cuales me han blasfemado los siervos del rey de Asiria"*.

Sabía el Señor que el temor es una fuerza paralizante que anula las posibilidades de victoria en la batalla. El temor es un cortocircuito que tumba el interruptor de la corriente espiritual.

Se hace notorio que solo podemos anular la intimidación que provoca la palabra del enemigo, cuando confiamos plenamente en la palabra de Dios.

Las batallas de David contra Goliat y Ezequías contra el rey Senaquerib son demostrativas de un mismo principio espiritual. Revelan que por más intimidante que sea el poder del enemigo, con una fe firme en la fidelidad de Dios podemos romper con toda intimidación y enfrentar al enemigo sin temor.

No minimizo el hecho de que el conocimiento adquirido, las habilidades mentales y una personalidad fuerte y proactiva, nos ayudan en las batallas cotidianas. Sin embargo, debemos reconocer que nuestra victoria está basada en nuestra fe en Dios.

Como bien expresó el Apóstol Pablo: *"Las armas de nuestra milicia no son carnales sino poderosas en Dios para la destrucción de fortalezas."* (2da Corintios 10:4-5).

Cuando enfrentes batallas y veas al enemigo tan impresionante que parezca indestructible, no permitas que los sentimientos de inferioridad e impotencia neutralicen tu fe.

En esos momentos debes prestar atención a lo que el Señor te ha dicho en su palabra: *"Cuando salgas a la guerra contra tus enemigos, si vieres caballos y carros, y un pueblo más grande que tú, no tengas temor de ellos, porque Jehová tu Dios está contigo, el cual te sacó de tierra de Egipto. Y cuando os acerquéis para combatir, se pondrá en pie el sacerdote y hablará al pueblo, y les dirá: Oye, Israel, vosotros os juntáis hoy en batalla contra vuestros enemigos; no desmaye vuestro corazón, no temáis, ni os azoréis, ni tampoco os desalentéis delante de ellos; porque Jehová vuestro Dios va con vosotros, para pelear por vosotros contra vuestros enemigos, para salvaros."* Deuteronomio 20:1-4.

Si internalizas la palabra de Dios, aun en medio de las batallas más cruentas y de las circunstancias más escalofriantes, en ti se cumplirá lo que expresa el Salmo 112:7-8: *"No tendrá temor de malas noticias; Su corazón está firme, confiado en Jehová. Asegurado está su corazón; no temerá, hasta que vea en sus enemigos su deseo."*

CAPÍTULO 5

El Temor al Pasado Negativo

"Si le confieso mi pasado negativo a mi esposa, sé que ella me abandonará.". Así me dijo el hermano Ricardo, mientras intentaba contener sus lágrimas.

Al momento de aquella reunión, Ricardo, un exmilitar, era músico y cantante del grupo de adoración en su iglesia. Se había casado con María y tenían dos niños preciosos. Su relación era de amor y de respeto mutuo. Poseían fuertes principios espirituales y mostraban un genuino compromiso y llamado espiritual.

Sin embargo, Ricardo no era feliz. "Esto es demasiado bueno para ser cierto" – me decía. Vivía aterrorizado. Temía que aquella vida que parecía mágica se derrumbara. Presagiaba que el fantasma del pasado un día resurgiría y lo llevaría a su antigua vida de dolor.

Ricardo había sido un niño abusado física y sexualmente. Creció con un profundo sentimiento de inadecuación e inferioridad. Al llegar a adulto aprendió a disfrazar su autoestima inadecuada con una rara combinación antagónica.

Por un lado, proyectaba control y dominio (por eso ingresó al ejército) y por otro, se refugiaba en el licor. Esa situación nunca fue constante. En realidad, eran episodios intermitentes.

Ahora Ricardo tenía una nueva vida. Contaba con el apoyo de una familia amorosa y, hasta el momento, se había mantenido firme y no había recaído. No obstante, tenía un presagio negativo que lo perseguía. ¡Temor a su pasado negativo!

No quería fallarle a su esposa ni mucho menos que sucediera algo y ella se enterara de lo que él nunca le había contado. Deseaba mantener una relación de confianza y transparencia, pero también tenía temor de confesarle a su esposa acerca de su pasado. Con ese dilema, llegó a pedirme consejo.

Es triste aceptar la realidad de que hay miles de almas, como Ricardo, que no disfrutan su presente positivo por temor al fantasma de un pasado negativo.

"Sé que lo bueno dura poco", "esto es demasiado bueno para ser real"; "sé que pronto terminará", expresan algunas personas. "Fui maltratado y humillado en una relación anterior y quiero asegurarme de que no me volverá a suceder", manifiestan otras.

¿Cuántos matrimonios son destruidos por los celos? ¿No es cierto que muchas veces, la raíz de los celos, se encuentran en relaciones disfuncionales del pasado?

Es un peligro proyectar aspectos negativos de una relación anterior en una relación presente. El temor a que se repita lo negativo crea una predisposición para una repetición. El temor al resurgimiento del pasado doloroso puede convertirse en una profecía autorrealizada.

Es incuestionable el hecho de que ciertas experiencias traumáticas producen fobias. Si no entendemos la procedencia de dichas fobias, viviremos subyugados por el temor.

Hace poco vi en la televisión la recreación de un caso de violación sexual. Michelle, la protagonista de la historia, había aceptado que "un amigo" la llevara del trabajo a su casa. Este, a mitad del camino sacó su arma de fuego y le dijo: "no te muevas y sigue mis instrucciones, porque si no, te mato.".

Luego, desvió su automóvil hacia una vereda que conducía a un pequeño riachuelo, donde violó a Michelle repetidamente. Finalmente, la dejó ir bajo la amenaza de que, si ella decía algo, mataría a toda su familia y luego se suicidaría.

El individuo está en prisión cumpliendo una larga condena, pues la víctima tuvo el valor de acusarlo ante las autoridades. Sin embargo, ella quedó tan traumatizada que el mero hecho de pasar cerca de cualquier lugar parecido al sitio donde fue ultrajada, le producía taquicardia, migraña, mareos y náuseas.

El sicólogo le recomendó enfrentar su temor yendo, literalmente, al mismo lugar donde había sido violada. Acompañada de su sicólogo, algunos familiares y camarógrafos del canal televisivo, la que ahora es una mujer casada y madre de tres hijos, regresó al lugar donde, años antes, había sido violada.

Con lágrimas en sus ojos describió el momento y los detalles de la experiencia traumática. Al hacerlo respiraba agitadamente y temblaba, pero logró enfrentar la raíz de su temor.

Finalmente, la presentaron meses después de aquel terrible reencuentro y, con serenidad asombrosa, decía: "Lo mejor que hice fue ir a aquel lugar y allí despojarme del miedo que me tenía aprisionada. Doy gracias a Dios que me dio la fuerza para hacerlo y me hizo entender que esa experiencia no puede detener mi existencia".

Este relato refleja, gráficamente, que no podemos permitir que la amargura del pasado envenene nuestro presente. No podemos permitir que el miedo al pasado nos impida vivir nuestro 'hoy'.

No todos tenemos que ir al pasado, como Michelle, a revivir experiencias negativas. Pero todos debemos hacer algo respecto a nuestro pasado.

Si eres creyente en Cristo, debes comprender el poder y el alcance de la Sangre de Jesucristo. Debes declarar que eres nueva criatura y que las cosas viejas pasaron ya.

Debes entender que si Jesucristo te perdonó "ninguna condenación hay para los que están en Cristo Jesús". (Romanos 8:1)

Si Cristo te perdonó, perdónate a ti mismo y no permitas que el diablo te eche encima lo que Jesucristo lavó con su sangre.

Se cuenta que el gran reformador, Martín Lutero, mientras escribía su introducción al libro de Romanos, era atormentado por Satanás, que le recordaba continuamente su pasado negativo y pecaminoso.

Un día, el gran reformador, Martin Lutero, llegó a percibir la misma presencia diabólica en su oficina. El diablo lo acusaba y la acusación taladraba su mente: "Lutero, eres un pecador, hiciste mucha maldad".

La historia dice que Lutero, no pudiendo aguantar más, tomó el tintero de su escritorio y lo lanzó contra la pared mientras gritaba: "¡Cállate diablo, porque la Sangre de Jesucristo me ha limpiado de todo pecado!".

¡Haz tú lo mismo que hizo Martín Lutero! No permitas que el enemigo utilice tu pasado contra ti y mucho menos que el temor al pasado te paralice.

El Señor nos dice en su Palabra: *"No os acordéis de las cosas pasadas, ni traigáis a memoria las cosas antiguas. He aquí que yo hago cosa nueva; pronto saldrá a luz; ¿no la conoceréis? Otra vez abriré camino en el desierto, y ríos en la soledad."* (Isaías 43:18-19).

Enfréntate al presente y al futuro sin miedo. Ya de tu pasado se encargó el Señor. Con Pablo podemos decir: *"Olvidando, ciertamente, lo que queda atrás, y extendiéndome a lo que está delante, prosigo a la meta, al premio del supremo llamamiento de Dios en Cristo Jesús."* (Filipenses 3:13-14).

¡No temas al pasado! El que use tu pasado negativo para acusarte y condenarte LO HARÁ SIN DIOS y estará realizando el ministerio de Satanás, pues él es el *"acusador de los hermanos."* (Apocalipsis 12:10).

Pablo no temía al pasado. Sí, había consentido en la muerte de Esteban y había perseguido a la iglesia de Jesucristo, pero sabía que tenía un supremo llamamiento que realizar y se focalizaba en eso. ¡Haz tú lo mismo!

CAPÍTULO 6

El Temor al Rechazo

"¡Tu madre es una ramera! Es mejor que te largues ahora mismo de esta casa. ¡Eres una vergüenza para nuestra familia y no creas que un bastardo como tú va a heredar con nosotros!". ¿Cómo te sentirías si esas palabras te las hubieran dirigido a ti? ¡Rechazado! Así me sentiría yo y así se sintió Jefté.

Jefté era el producto de una relación adúltera entre su padre Galaad y una ramera. Cuando los hijos de la esposa legítima de Galaad crecieron, echaron fuera a Jefté. Siendo hermanos por parte de padre, aún así, lo botaron. *"Huyó pues, Jefté de sus hermanos, y habitó en tierra de Tob..."* (Jueces 11:3).

Ese rechazo cruel pudo haber convertido a Jefté en un hombre deprimido, amargado y acomplejado. No obstante, Jefté se convirtió en un triunfador, a pesar de haber sido rechazado.

Me imagino que cuando sus hermanos lo echaron del hogar, Jefté se dijo a sí mismo: "Esta es una oportunidad para mostrar mi fortaleza interior. Según la opinión de mis hermanos no sirvo para nada, pero no permitiré que su opinión gobierne mi corazón".

Cuando Jefté llegó a Tob, encontró un grupo de ociosos (que también eran rechazados) y ellos "se juntaron con él y salían con él". De esa manera Jefté se convirtió en el líder de los rechazados, pues "era esforzado y valeroso" (Jueces 11:1).

Y, ¿sabes lo que se atrevió a hacer el rechazado Jefté? ¡Convirtió al grupo de ociosos rechazados en un ejército bien formado!

La historia no termina ahí: "aconteció **andando el tiempo**, que los hijos de Amón hicieron guerra contra Israel". Enfrentados ante un enemigo implacable, y conociendo la destreza y valentía que poseía Jefté en asuntos militares, sus hermanos, que lo habían rechazado, ahora lo fueron a buscar.

Jefté, aprovechando aquella coyuntura, les preguntó: "¿No me aborrecisteis vosotros y me echasteis de la casa de mi Padre? ¿Por qué venís ahora a mí, cuando estáis en aflicción?" (Jueces 11:7).

El relato bíblico continúa diciendo que Jefté fue con ellos y el pueblo lo eligió como su caudillo y jefe de guerra. Finalmente, Jefté condujo a Israel a una victoria total en la guerra y fue jefe de toda una nación, incluyendo a sus hermanos que lo habían rechazado.

¿Te has sentido herido por el látigo cruel del rechazo? Tal vez has sido rechazado por el color de tu piel, por tu trasfondo socioeconómico, por tu estructura ósea o, aunque parezca paradójico, por tu inteligencia.

Hay miles de razones por las cuales la gente puede rechazarnos. No podemos evitar que alguna u otra vez alguien lo haga. Lo que sí podemos evitar es que la opinión de la gente gobierne nuestra mente. Es cierto que el rechazo puede herirnos, pero no tenemos que darle autoridad para dirigirnos. Sí, nos puede afectar, pero no nos tenemos que dejar paralizar.

Las opiniones de la gente son pasajeras; en cambio, la fidelidad de Dios es eterna. ¡Permitamos que la gente actúe como gente y reafirmemos que Dios es Dios!

A diferencia del temor al fracaso, que se centraliza en nuestras ejecutorias, el temor al rechazo se centraliza en lo que somos. Es el miedo irracional de que otros no te acepten como eres.

Una persona que vive con temor a ser rechazada tiende a actuar en forma estereotipada. Para lograr aceptación o aprobación, cede ante la presión del grupo. Lo triste es el proceso; se despersonaliza, pierde su propia identidad y deja de ser auténtica.

El Temor Al Rechazo Te Impide Testificar Con Eficiencia

Fue ese el caso de algunos de los más renombrados líderes religiosos en los días de Jesús. Juan 12:42-43 registra que algunos de los fariseos creían en Jesucristo, pero por temor a ser expulsados de la sinagoga, no lo confesaban públicamente.

Por ser esclavos de su posición social y religiosa, aquellos líderes perdieron la oportunidad de ser partícipes del ministerio del eterno Emanuel.

En Isaías 51:7 el profeta había dicho: *"No temáis afrenta de hombre, ni desmayéis por sus ultrajes"*. Si aquellos fariseos, conocedores del Antiguo Testamento, hubieran internalizado esas palabras, no habrían mantenido oculta su fe en Jesucristo.

El temor al rechazo te inmoviliza y te impide testificar y compartir tu experiencia espiritual.

Es contraproducente abdicar de tus principios y esconder la verdad que conoces por temor a perder tu posición en determinado grupo. No es un buen negocio obtener la aceptación de los demás a costa de perder la aprobación del Dios que te llamó.

Por temor al rechazo, los fariseos que creían en Jesús encerraron su fe en un clóset. De ellos dice la Biblia: *"Amaban más la gloria de los hombres que la gloria de Dios"* (Juan 12:43).

El Temor Al Rechazo Nos Convierte En Hipócritas

Si para mantener sentimientos de adecuación tienes que ser un "clon" de modelos y estilos ajenos, estás en una ruta autodestructiva.

¿Qué dirán de mí?, ¿qué tal si hago o expreso algo que moleste a alguno? Estas son las preguntas que se plantea quien, por temor al rechazo, se cohíbe de hacer o expresar algo que no concuerde con el criterio de los demás.

Cuando te haces adicto a la aceptación y el reconocimiento de los demás y en algún momento, te encuentras entre dos grupos antagónicos tienes una coyuntura difícil.

Te identificas con quienes mantienen los mismos principios que postulas o intentas agradar a ambos grupos. Si eliges la segunda opción, caes forzosamente en el "camaleonismo".

El término "camaleonismo" viene del camaleón, un reptil que cambia de color según sea la superficie en la que se encuentre. Existen personas que, como el camaleón, cambian o ajustan sus "convicciones" según el grupo en el cual se desenvuelven en ese momento.

A veces se disfrazan de "mediadores" o "moderados"; pero en realidad es que, por temor a que un grupo los rechace, aparentan estar con los dos. Si llamamos a las cosas por su nombre, dicho "camaleonismo" es una forma de hipocresía.

No, no es una hipocresía intencional. Es una hipocresía derivada del temor. El temor al rechazo es el que nos lleva a vivir aparentando ser lo que no somos y a esconder nuestras convicciones reales.

En Gálatas 2:11-14, Pablo narra el relato del caso triste de su encuentro con Pedro en Antioquía. Pedro, al igual que Pablo, era judío. Fue Pedro, y no Pablo, el primer judío que predicó en una reunión de gentiles. (Hechos 10). A Pedro, Dios mismo le había dado una visión en la cual le reveló que los gentiles tenían su aceptación divina.

Con esa trayectoria, Pedro llega a Antioquía para realizar su ministerio entre los gentiles. Todo iba muy bien. Comía, hablaba y compartía con ellos libremente en la gracia. Era una perfecta "koinonía" hasta que llegaron unos judaizantes de Jerusalén. ¡Allí se dañó el asunto!

Ahora había dos grupos: los hermanos gentiles y el bando de judaizantes que todavía se aferraban a la ley mosaica. Al pobre Pedro se le formó tremendo dilema, lo que en Puerto Rico llamamos un "revolú". Pedro conocía al grupo que vino de Jerusalén, pues eran enviados de Jacobo, el hermano del Señor.

Sabía, además, que los judaizantes no apoyaban lo que Pablo había enseñado en Antioquía (de ser así no hubiera existido problema alguno). Entonces, ¿qué hizo Pedro? La Biblia dice: *"que se retraía y ya no quería compartir con los hermanos gentiles"*. ¡Qué triste!

Con su actitud, Pedro no solo traicionaba a los hermanos gentiles, sino que también, traicionaba a su propia conciencia y al Dios que, en casa de Cornelio, le había revelado que Él no hace acepción de personas.

¿Cómo es posible que un Apóstol tan renombrado haya caído en semejante acto de hipocresía? El verso 12 nos da la respuesta: Pedro *"se retraía porque tenía miedo de los de la incircuncisión"*. ¿Temor a qué? A que, al verlo con los gentiles, los judaizantes lo rechazaran. ¿Ves lo que hace el temor al rechazo?

Cómo Ser Libre Del Temor Al Rechazo

Si eres víctima del temor al rechazo, tengo buenas noticias para ti. Este temor, como todos los otros temores, puede ser vencido y las siguientes sugerencias te ayudarán:

1. Divórciate de las opiniones de la gente.

En Isaías 51, Dios, hablando a través del Profeta, nos dice: *"Yo, yo soy vuestro Consolador, ¿Quién eres tú para que tengas temor al hombre, que es mortal?"*.

Dios no quiere que nos paralicemos por el temor a que nos rechacen. En Mateo, Capítulo 10, cuando Jesús envió a los doce a predicar, les exhortó: *"y no temáis a los que matan el cuerpo, mas el alma no pueden matar"*.

Para ser libre del temor al rechazo tienes que divorciarte de las opiniones de la gente. ¿Acaso no fue eso lo que hizo Jefté? Al principio de este capítulo vimos cómo Jefté se negó a permitir que las opiniones y acciones de sus hermanos definieran su futuro; ¡y Dios lo honró! Mientras busques activamente la aprobación de la gente, no serás libre para obedecer a Dios.

Dios no te ve como el hombre te mira. Cuando tú sabes que Dios está contento contigo, entonces ¿por qué temes a que la gente te rechace? Pablo dijo: *"si buscara agradar a los hombres, ya no agradaría a Dios"* (Gálatas 1:10).

Mientras busques en la gente lo que solo Dios te puede dar, vivirás con temor al rechazo.

Al fin y al cabo *"es mejor agradar a Dios antes que a los hombres"*. Como expresé en mi libro *"A Frasetazo Limpio"*: "si el dueño del circo está contento contigo, olvídate de lo que piensen los payasos".

El cuento de la Princesa Cenicienta muestra cómo esta era humillada y rechazada por su madrastra cruel y sus hermanas acomplejadas ¡hasta que el príncipe hizo la entrada triunfal en el drama de su vida!

Si Jesucristo es el príncipe de tu existencia, ya no tienes que depender de las opiniones ambivalentes de la gente. Puedes descansar en la aceptación incondicional del Dios que te hizo *"acepto en el Amado"* (Efesios 1:6).

2. Mantén una comunión íntima con Dios.

Una cosa es la relación con Dios y otra la comunión con Dios.

Un matrimonio puede estar legalmente casado y su estado civil presupone una relación matrimonial. Legalmente son esposos. No obstante, pueden estar enojados, sin hablarse y durmiendo en cuartos separados. En ese caso, hay relación, pero no existe comunión.

Es ese el caso de muchos creyentes en la actualidad. Como nacidos de nuevo, mantienen relación con Dios pues son hijos. Pero, por estar ocupados en los afanes del mundo, han perdido su comunión con Dios.

Esa ausencia de comunión espiritual es un generador de temor. Al no disfrutar de comunión íntima con nuestro Padre, nos sentimos inadecuados y sedientos de aprobación. Es así como llegamos a ser presas del temor al rechazo.

Disfrutar de la gratificación espiritual que produce el tener íntima comunión con Dios nos libera del temor al rechazo. La vida de David es un claro ejemplo.

David fue un hombre menospreciado y rechazado muchas veces. Cuando el Profeta Samuel fue enviado a casa de Isaí, él sabía que uno de sus hijos sería ungido como Rey de Israel, pero ni el mismo profeta sabía cuál sería el elegido.

Cuando el Profeta le dijo a Isaí que trajera a **todos** sus hijos para ver cuál sería el elegido, Isaí los trajo a todos **menos a David.** Isaí hizo pasar a siete de sus hijos, quienes desfilaron delante del Profeta. Samuel le dijo a Isaí: *"Jehová no ha elegido a estos"* (1ra Samuel 16:10).

El Profeta, consternado, pregunta a Isaí: ¿son éstos todos tus hijos? Isaí respondió: *"queda aún el menor, que apacienta las ovejas"* (Verso 11).

Notemos un detalle interesante. Si el mismo Profeta no sabía cuál de los hijos de Isaí iba ser ungido como rey, ¿por qué Isaí solo presentó siete y dejó a David fuera? Es obvio que Isaí lo predescalificó. Él ni se molestó en llamar a David. Antes de Dios determinar, ya Isaí había rechazado a su hijo menor.

Cuán tremenda fue su sorpresa cuando, por insistencia de Samuel, hizo traer a David y el Señor le dijo al Profeta: *"Levántate y úngelo, porque éste es"* (Verso 12).

Más tarde, Isaí envió a David a llevar comida a sus hermanos que estaban en la guerra contra los filisteos. Al ver el desafío de Goliat, David comenzó a preguntar cuál sería la recompensa que se le daría al que venciera al gigante.

Al escucharlo, su hermano Eliab lo rechazó (1ra Samuel 17:28). Una vez que David se presentó ante Saúl para aceptar el reto de pelear contra Goliat, Saúl le dijo: *"No podrás tú ir contra aquel filisteo para pelear con él"*. ¡Rechazado otra vez!

Ya, frente a frente con el troglodita de los filisteos, este *"miró a David y le tuvo en poco"*. ¡Rechazado una vez más! ¡Es sumamente interesante ver cómo David triunfó a pesar de ser rechazado tantas veces!

¿Cuál fue el secreto de David? ¿Cómo enfrentó, con éxito, el temor al rechazo? El secreto de su seguridad y de su vida libre de temor no era su coeficiente intelectual, su sistema filosófico o su credo religioso.

> *El Salmo 27 revela que el secreto de David era su continua comunión e intimidad con el Dios que lo había llamado.*

David concluyó que lo determinante en su vida era la voluntad de Dios y no las acciones o expresiones de la gente. En el primer verso del Salmo 27, David expresa: *"Jehová es mi luz y mi salvación; ¿de quién temeré? Jehová es la fortaleza de mi vida; ¿de quién he de atemorizarme?"*.

Continuando la secuencia, en el verso 3 manifiesta: *"Aunque un ejército acampe contra mí, no temerá mi corazón"*. ¡Cero temores! ¿Cuál era el secreto?

El verso 4 nos da la clave: "Una cosa he demandado a Jehová, esta buscaré; que esté yo en la casa de Jehová todos los días de mi vida, para contemplar la hermosura de Jehová, y para inquirir en su templo".

¿No es interesante la rara corelación que existe entre el verso 3 y el verso 4? En el verso 3, David manifiesta que ni un ejército ni una guerra lo atemorizan. Luego, en el verso 4, dice: *"una cosa he demandado a Jehová, esta buscaré"*. Lo que está diciendo es: "si tengo intimidad con mi Dios, si disfruto de su comunión, si contemplo su hermosura, ¡no tengo porqué temer! ¿Habrá otra vacuna más eficiente contra el virus del temor al rechazo?

Aunque la Biblia ni lo declara ni lo descarta, en mi opinión, David fue un hijo rechazado y menospreciado por su padre y sus hermanos.

Entonces, mientras hacía el desagradable, trabajo de apacentar ovejas, se consolaba derramando su corazón en adoración a Dios.

Al no tener la aprobación de su familia y al sentir el agudo dolor del rechazo, David encontró en su comunión con Dios, la fuente de todo su consuelo y su fortaleza.

En el mismo Salmo 27, David describe su comunión íntima con Dios y su total dependencia en Él. Las palabras del verso 10 son reveladoras: *"Aunque mi madre y mi padre me dejaren, con todo, Jehová me recogerá"*.

David y Jefté son ejemplos de superación y victoria a pesar del rechazo. No tenemos que esconder nuestras convicciones. No seamos como aquellos fariseos que mantuvieron oculta su fe en Jesucristo por temor a ser rechazados por la "elite" religiosa.

Tampoco tenemos que caer en el "camaleonismo" de Pedro, y pecar de hipócritas, ante el temor de que personas influyentes en nuestro círculo de relaciones nos rechacen por nuestras convicciones.

Si aprendemos a divorciarnos de las opiniones de los hombres y mantenemos una vida de comunión con el Dios que nos eligió, seremos libres del temor al rechazo. Entonces, entenderemos que, si nuestro Padre es el dueño del equipo, no podemos perder el juego.

CAPÍTULO 7

El Temor a la Libertad

Este era un gallito raro. Su cresta en forma de rosa, su plumaje blanco y negro y su cantar extremadamente corto, hacían de él todo un personaje. Su excentricidad lo había salvado del caldero, pues me lo habían regalado para unas sopas.

Celebraría tres días de cruzada evangelística en el pueblo de Cayey, Puerto Rico (jueves, viernes y sábado). Esa semana contraje un virus y el primer día de campaña llegué que parecía un cadáver andante. Apenas pude inclinarme para orar. Cuando me entregaron para predicar, me sentía lejos...

Debo decir que el Señor honra su palabra y me socorrió. Aún no sé cómo pude predicar, o el contenido del mensaje. Solo sé que el culto estuvo glorioso.

Una abuelita linda, con la carita arrugada, se me acercó al finalizar el culto y me dijo: 'Usted se ve muy mal. Parece que le pasó un camión por encima. Mañana le voy a traer una gallinita para que su esposa le haga un "asopao".

El viernes, cuando llegamos, la ancianita me estaba esperando con una cajita. "Acomódela en el carro" me dijo; y continuó: "¿Usted sabe matar gallinas?". "Soy un experto", le contesté.

Cuando llegué y abrí la caja, no era una gallina, ¡era un gallito quiquiriquí! Lo amarré de una patita, le puse agua y un poquito de arroz crudo. Al otro día, desperté asombrado y riéndome. El cantar del gallito era cómico. En lugar de cantar "quiquiriquí" solo decía: "Kiiii" y terminaba abruptamente. El "individuo" comenzaba a cantar, pero no terminaba.

"No mataré a este gallito" –me dije– "lo llamaré Ki". Entonces busqué una jaula, la preparé y coloqué a Ki en ella para que se ambientalizara. Lo tuve en la jaula por cuatro días. Durante ese tiempo, las gallinas y gallos de mis vecinos desfilaban alrededor de la jaula. Parecían entretenerse con el raro cantar de Ki.

El momento cuando lo fui a soltar lo tengo registrado en mi memoria, pues fue extremadamente dramático. Abrí la puerta de la jaula para que Ki saliera. Creí que se alegraría de ser libre. Para mi sorpresa, no fue así.

Pasó el tiempo y Ki seguía dentro de la jaula. Lo saqué y lo puse a unos pies de distancia y corrió como desesperado hacia la jaula.

Entonces, repetí la acción, pero esta vez cerré la puertecita de la jaula. Era impresionante ver como Ki picoteaba la jaula, abría sus alas e intentaba entrar. Me miraba como rogándome que lo ayudara entrar. Estaba en un estado de pánico. Me di cuenta de que mi gallito Ki tenía lo que Erich Fromm llamó "El temor a la libertad".

La libertad es deseada y ha sido aclamada desde tiempos antiguos. Las grandes luchas y guerras de liberación son patrimonio emblemático de muchas naciones.

La palabra libertad filosóficamente designa aquella facultad del ser humano que le permite decidir realizar o no una determinada acción, según su propio juicio o voluntad. La libertad no solo se relaciona con elegir lo que nos pasa, sino en cómo reaccionamos o respondemos a lo que nos sucede.

Es obvio, entonces, que la libertad trae consigo responsabilidad. Como dijera Jean-Paul Sartre: "Quien es auténtico asume la responsabilidad por ser lo que es y se reconoce libre de ser lo que es". La responsabilidad que acompaña a la libertad genera, en muchos, el temor a la libertad.

Pienso que muchas veces el miedo a la libertad comienza en el seno del hogar. La labor de los padres debe ser facilitarles a los hijos un hogar, sustento y la educación necesaria para desenvolverse en la vida de adulto.

Cuando los padres sobreprotegen a sus hijos, cuando los hacen totalmente dependientes y no les cortan el cordón umbilical emocional, manteniéndoles ligados almáticamente, están creando las condiciones para que el miedo a la libertad se apodere de ellos.

Los padres que hacen cualquier cosa para que sus hijos, ya adultos, no se independicen y aprendan a resolver sus propios asuntos, están actuando egoístamente. "Te amo, pero no te alejes de mí"; "me haces mucha falta, quédate conmigo". ¿Acaso no es eso lo que en sicología se llama chantaje afectivo?

Ese chantaje produce en los hijos una regresión a la infancia, cuando eran totalmente dependientes y no eran responsables de nada. Como mi gallito Ki, se ambientalizan, se aferran a la "seguridad" que le provee la jaula y entonces desarrollan temor. Temor a un ambiente externo que les sea hostil, temor a los retos de la vida, temor a la incertidumbre de no tener a "mamá" que le hacía todo; temor a la libertad.

No es fácil para un hijo sobreprotegido abandonar la ilusión de que ya no es niño. Es más fácil que nos den todo hecho. Sin embargo, esa "comodidad", esa falsa seguridad, se convierte en una jaula de oro que le impide al individuo maximizar sus posibilidades y realizar el propósito de Dios en su vida.

Es más fácil depender de otras personas, que responsabilizarnos de nosotros mismos. No obstante, esa dependencia elegida se convierte en una esclavitud sutil que genera miedo; el temor a la libertad.

La historia es testigo de que cuando se promulgó la emancipación de los esclavos en Europa y en Estados Unidos, ocurrió un hecho singular. Muchos esclavos, al momento de ser puestos en libertad por sus amos, literalmente les rogaban de rodillas que no les dieran la libertad, que querían seguir siendo esclavos. ¿Cómo fue posible que tal fenómeno ocurriera?

Aquellos "esclavos felices" se acostumbraron a vivir en esclavitud. Hacían sus tareas y recibían su ración, techo y un rincón para dormir. Aparte de seguir las órdenes de sus amos, no tenían que enfrentar ningún otro reto en la vida.

Lo mismo les sucede a muchos prisioneros que han cumplido largas condenas. Hace poco, en la serie "Lock Up" que transmite el canal 58 en el norte de Estados Unidos, observé a un presidiario narrar cómo al salir de prisión no pudo adaptarse a la libertad.

Poco tiempo después de salir en libertad, agredió a un policía intencionalmente para que lo regresaran a la prisión. El sujeto en cuestión expresó: "He pasado la mayor parte de mi vida en la prisión. Comencé desde muy joven a vivir en centros de detención juvenil. Luego pasé de prisión de mínima custodia a la de máxima custodia. Conozco cómo sobrevivir en prisión, domino las leyes de la cárcel.".

Cuando la reportera le preguntó "¿Qué sucedió cuando saliste a la comunidad libre? Después de tanto tiempo, ¿por qué no valoraste la libertad?", el individuo contestó tranquila y filosóficamente: "No es que no le adjudique valor a la libertad, es que no poseo las herramientas ni conozco los mecanismos para sobrevivir en la comunidad libre. Al salir de prisión, me enfrenté a un mundo muy diferente del que había dejado. Sentí el rechazo de la gente, vi la hipocresía en mi familia y me sentí como un pobre diablo. Aquí, con mi experiencia, soy un líder respetado.".

He ahí un esclavo feliz. Uno que se siente mejor estando preso que libre, porque le aterroriza tener que ejercer la responsabilidad de pagar por su ropa y su transportación; proveerse sus alimentos, su techo, etc. Todo eso le produce un terrible sentimiento de impotencia.

El individuo del relato de seguro vivirá el resto de su vida en la prisión. Prefiere agarrarse de los barrotes de su celda por temor a salir a enfrentar al mundo que le rodea. Probablemente morirá tullido en su zona de confort, negándose a salir. ¡He ahí la expresión gráfica del miedo a la libertad!

El Miedo A La Libertad
En Las Relaciones Sectarias

En una relación sectaria, un Pastor, Obispo, Apóstol, Profeta o Gurú, logra ejercer –utilizando la manipulación y la coerción– el control sobre sus adeptos. Existen sectas militares, políticas, ambientalistas, etc. Un género que va en aumento vertiginoso es el de las sectas religiosas.

Cuando una persona comienza a relacionarse con un grupo sectario, los ya adeptos y el grupo íntimo del líder, hacen todo lo posible para "engancharlo". Aunque le hablan de "Cristo" y de la "Biblia", poco a poco, el centro de las conversaciones es el líder del grupo. Su habilidad exclusiva, su carisma excepcional, en adicion a sus múltiples revelaciones místicas, son continuamente sobreenfatizadas.

Tan pronto el visitante cae en la etapa de "enamoramiento", entonces se le considera un adepto potencial. Gradualmente, los más cercanos al líder, lo van sobrecargando de estudios, sermones, encuentros, retiros, etc.

De esta manera logran dos cosas: alejarlo de su núcleo familiar-social y ocuparle todo el tiempo para que no pueda hacer juicio crítico sobre las enseñanzas que está recibiendo y mucho menos, validarlas con otras fuentes externas.

En esa etapa comienza el control de la comunicación. Los líderes secundarios le dicen al posible adepto: "No discutas con los del sistema religioso, pues ellos no poseen revelación. No utilices la Internet, pues está llena de mentiras".

Un ejemplo de esto es la secta de los Testigos de Jehová, que les prohíbe a sus miembros leer todo lo que contradiga sus enseñanzas torcidas.

Cuando el potencial adepto comienza a "internalizar la revelación", pasa a la etapa de adepto en sí. Ahí entra en acción más directa el líder, el Profeta, el Gurú o el Apóstol mayor.

Con manipulación y premeditación va asumiendo, gradualmente, el papel de "maestro iluminado", el que tiene todas las respuestas, el que posee el máximo nivel de profundidad y el que tiene contacto directo, único y especial con Dios.

Una vez que el nuevo adepto acepta el nivel jerárquico del líder, comienza la relación maestro-discípulo. En cierto momento, el líder comienza a suplirle al discípulo la atención afectiva que sus padres naturales le negaron.

De esa manera (con cariño y atención), el líder activa la ley de la reciprocidad y "se gana" el derecho de poder corregir, disciplinar y regañar al adepto. Ahí la relación evoluciona y se convierte en una relación padre-hijo, donde el líder asume el papel de figura paterna.

Dicha relación puede progresar a otro nivel, al que yo he llamado "el enlace fatal". Llega el momento cuando el líder comienza a realizar "milagros" y a hablar de grandes revelaciones místicas. Esto hace que el adepto lo vea como representante de Dios y racionalice que las palabras y juicios de su líder están libres de error. Entonces comienza la relación amo-siervo, donde el adepto le entrega al líder su mente y la autoridad para decidir por él.

Cuando vemos adeptos de la mal llamada secta, "Creciendo en Gracia", diciéndole a su líder: "Papi, tú eres mi Dios, soy tuyo(a)"; cuando los vemos tatuarse con el 666, simplemente porque él da la orden, tenemos una fotografía de lo que es la relación amo-siervo en las sectas.

La relación sectaria, ya en el tercer nivel, convierte a los miembros en autómatas, en seres robotizados. Estos, una vez manipulados, condicionados y programados, llegan a un sometimiento enfermizo donde dejan de analizar las cosas por sí mismos. Ni cuestionan, ni preguntan, ni protestan, sino que solo obedecen ciegamente. En esta etapa, para el adepto, la única verdad y lo único bueno es lo que emana de su líder.

> *En una relación sectaria, si el líder lo dice, lo malo deja de ser malo, la idolatría es admiración y el pecado deja de ser pecado.*

Los adeptos de Jim Jones comenzaron como creyentes normales que querían servir a Jesucristo y vivir según las Sagradas Escrituras. Pero, ¿qué sucedió? Una vez transferida su fe de la persona de Jesucristo a la persona de Jim Jones, se convirtieron en mentirosos, asesinos y, finalmente, suicidas, **por amor** a su "iluminado líder", Jim Jones.

El padre divino, David Koresh, la diosa Mita, José Oscar Candelaria, William Soto Santiago, Sun Myung Moon, El Padre Miguel de Caguas, Puerto Rico, etc., son otros ejemplos de relación sectaria.

Es preocupante que el mismo fenómeno y método de captación se esté dando hoy, notablemente, dentro de algunos movimientos neoevangélicos.

> *Lo más peligroso es cuando se llega al extremo de sustituir la revelación bíblica por las revelaciones personales del líder.*

A esa altura, lo que dice o interpreta el líder se convierte en verdad automática y absoluta. Al llegar a ese punto, el adepto ni se molesta en verificar si las enseñanzas, métodos y prácticas de su líder armonizan o antagonizan con las Sagradas Escrituras.

CNN presentó una serie sobre la secta de la Cientología, donde exmiembros hablan y dicen cómo fueron dirigidos a mentir, a falsificar documentos y a esconder las verdaderas creencias de la secta. También, algunos han descrito las humillaciones, los castigos y torturas físicas que recibieron de parte de los líderes, sumado al control total de sus relaciones matrimoniales, etc.

A la pregunta "¿Por qué usted no salió antes? ¿Por qué esperó tanto tiempo para abandonar lo que ahora describe como una prisión?", en todos los casos la respuesta es: "Tenía miedo". Miedo, no solo a las consecuencias, sino a no saber vivir otro tipo de vida. **Ese es el miedo a la libertad.**

Los miembros de la "Iglesia del pueblo" que dirigía el megalomaníaco, Jim Jones, sabían que este hacía milagros fraudulentos, poseía armas de fuego y practicaba la extorsión.

Era de conocimiento público que Jones era un enfermo sexual. Ellos lo sabían desde que la secta estaba radicada en California.

La pregunta es: ¿por qué dejaron a sus familiares y se fueron a una comuna en Guyana, siguiendo a aquel déspota esquizofrénico? La respuesta es el miedo, el miedo a la libertad.

Con su personalidad totalitaria y manipuladora, el perverso Jones, había succionado sus mentes. Ellos eran solo marionetas que habían transferido al líder todo poder decisional.

Vivir en un régimen de tortura, mentira, golpizas y violación, se convierte en algo normal para el adepto que entrega su mente y llega a aceptar la relación disfuncional. El líder sectario impone su tiranía, disfrazada de "verdad" y así logra mutilar la autopercepción del adepto quien, a su vez, desarrolla un impulso autodestructivo.

Con esa distorsión de la realidad, con su cerebro lavado y con la percepción de que su captor y opresor es su único benefactor, ¿cómo no van a tener miedo a la libertad?

Al despersonalizarlos y convertirlos en una comuna de seres idiotizados, el líder, que era su verdugo, se convirtió en su única fuente de provisión y subsistencia. Eso es conocido como el "enlace traumático".

Cuando la víctima de una secta ha perdido todo contacto con su familia y con el mundo externo, llega el momento en que cree que su vida es imposible fuera de la secta. El mero hecho de tener que pensar y decidir por sí mismo, el saber que tendrá que responsabilizarse por sus acciones, le produce ansiedad, inseguridad, aprehensión y temor. Temor a la libertad.

Más de tres mil quinientos años atrás, Dios libertó al pueblo de Israel de la cautividad egipcia a través del caudillo Moisés. No fue fácil. Solo después de recibir diez plagas, el faraón accedió a dejar ir al pueblo.

No fue un regalo del tirano, sino el resultado del rompimiento de las cadenas de opresión por actos sobrenaturales. Aun con todo eso, el faraón intentó hacerlos regresar al cautiverio.

Una vez en el desierto, enfrentaron grandes desafíos. Al salir a la libertad, se les vino encima el andamiaje de su falsa seguridad. Al romperse su relación sadomasoquista con el faraón, quedaron en control de sus propias decisiones. Entonces se sintieron frustrados e impotentes.

Comenzaron una huida subconsciente del enorme peso que implica la responsabilidad individual y se llenaron de temor: no al tirano, sino a la libertad.

Los israelitas desearon volver a la opresión que habían experimentado en Egipto. El miedo a la libertad los impulsó a levantarse contra Moisés. ¿Por qué nos trajiste a morir en este desierto? ¿No había tumbas en Egipto? Su miedo a la libertad era el producto de su cautiverio en Egipto.

La cautividad les enseñó a depender y a adaptarse al sistema. Les atrofió su sentido de responsabilidad personal, los embotó intelectualmente y castró su deseo de superación.

En Egipto aprendieron a conformarse con llenar sus necesidades básicas de techo, ropa y comida. A cambio de eso, entregaban su fuerza física, sus metas personales y sus sueños de libertad.

En el desierto chocaron con la realidad. La realidad de que la libertad no es gratuita, exige lucha, presenta desafíos y trae consigo responsabilidad.

Comenzaron a añorar con nostalgia, sus pasados tiempos de esclavitud. Pensaban en las migajas de *"cebollas y ajos"* que les proporcionaba el tirano faraón, a cambio de su fuerza productiva y de su libertad.

Racionalizaban: "Es una verdad que vivíamos en esclavitud. No poseíamos identidad personal, ni sentido de dignidad; pero tampoco teníamos que decidir ni éramos responsables de los fracasos del sistema. Después de que nos sometiéramos, nuestras necesidades básicas estaban satisfechas.".

La cautividad egipcia produjo una regresión colectiva en los israelitas. Los regresó a la infancia; a los días cuando sus padres se ocupaban de todo lo difícil y cuando ellos no eran responsables de nada. El déspota faraón tomó el rol paternal. Los padres naturales fueron reemplazados por el caudillo. Al perder su libertad, se convirtieron en una masa amorfa y despersonalizada.

Estoy convencido de que lo único que puede romper el temor a la libertad, que satura la existencia de quienes son esclavos dos veces, es un encuentro con Jesucristo, el verdadero libertador.

Ya lo dice el texto sagrado: *"Si el Hijo os libertare, seréis verdaderamente libres"*, Juan 8:36. Sin Jesucristo, lo más que logramos es pasar de una esclavitud a otra.

Sin un encuentro y relación personal con Jesucristo, seremos como el ave que se resignada a vivir en una jaula e intenta esconder su verdadera naturaleza fingiendo estar alegre y cómoda, intentando disfrazar su deseo de volar.

Sólo una relación personal con Jesucristo, nos libra de la manipulación que pueden producirnos las relaciones familiares disfuncionales y el cautiverio existente en las sectas religiosas.

Jesucristo nos habilita para romper con la dependencia emocional, para asumir nuestras responsabilidades naturales y espirituales y para librarnos del temor, el temor a la libertad

CAPÍTULO 8

El Temor Al Fracaso

"¡Ahora, te vas al infierno!" Una frase fuerte, ¿no es cierto? Fue dirigida a alguien que no se arriesgó a triunfar por temor a fracasar.

En Mateo, capítulo 25, Jesucristo narró la historia de un amo que tenía tres siervos a quienes les repartió ciertos talentos, con la encomienda de multiplicarlos. A uno le dio cinco talentos; a otro, dos y al tercero, solo le dio un talento.

El que recibió cinco talentos se esforzó y los multiplicó. El segundo hizo lo propio. Con ambos, el amo quedó contento y satisfecho.

Supongo que el tercer siervo se detuvo a pensar lo que podía suceder si hacía una mala inversión. También pudo haber pensado que, si lo invertía, el amo retendría el producto de su trabajo. Si perdía la inversión o si el amo le quitaba la ganancia, se veía perdiendo de todas formas. Entonces, paralizado por el temor, enterró su talento.

La reacción del amo fue tan severa e implacable que hasta ¡lo mandó al infierno! Esa fuerte reacción del amo representa la indignación divina cuando nosotros, sus hijos, por temor a fracasar nos dejamos paralizar.

Es triste que vivamos reprimiendo el deseo de triunfar por temor a fracasar. El que no intenta nada, nada hace y el que nada hace, en nada se equivoca. Es obvio que, como expresé en mi libro "A Frasetazo Limpio": *"el que duerme en el piso no se puede caer de la cama".* Pero creo que es preferible fracasar intentando hacer algo, que fracasar sin hacer nada.

Por temor a pecar por comisión, caemos en el pecado de omisión. Sea que hagamos algo o que dejemos de hacerlo, en ocasiones nos sentiremos caídos y fracasados.

La Biblia registra que hombres como Jacob, Moisés, David, Elías y Pedro experimentaron terribles momentos de fracaso en sus vidas; no obstante, son ejemplos de fe y de victoria.

Es paradójico, pero un fracaso no te hace un fracasado. El fracaso no te hace daño hasta que no lo internalizas.

El temor al fracaso es algo distinto. Es sentirse derrotado y rendirse antes de intentar ganar. Por eso he dicho que lo único que te convierte en un fracasado es el temor al fracaso.

Si buscamos las causas por las cuales la gente teme fracasar, la lista sería interminable. Una de ellas es nuestro pasado negativo. El conjunto de experiencias negativas que hemos vivido pueden provocarnos temor a fracasar.

Los estudios demuestran que muchos hombres y mujeres que han vivido experiencias traumáticas, en pasadas relaciones disfuncionales, pueden llegar a desarrollar "gamofobia" (temor al matrimonio). Si analizamos el cuadro sicológico de muchos gamofóbicos, descubriremos que su temor real no es al matrimonio sino al fracaso.

Muchos gamofóbicos razonan: "Si mi relación anterior fracasó y me causó mucho dolor, ¿para qué arriesgarme a otra relación y que se repita lo mismo?" En ese caso existe una predisposición al fracaso.

La forma en que nuestros padres nos criaron es otro de los factores determinantes que contribuyen al miedo al fracaso. Algunos sicólogos nos dicen que aquellas personas que tuvieron padres posesivos y sobreprotectores son más propensas al temor al fracaso.

Tal vez porque sus padres, al querer protegerlos, los criaron en una bóveda hermética que, si bien los libró de algunos peligros, les impidió, también, desarrollar su fe. Al llegar a adultas, esas personas se sienten inseguras, incapaces y disfuncionales.

Al lado opuesto, tenemos a las personas que se criaron con padres maltratadores y abusivos. Cada vez que se equivocaban en algo, recibían una avalancha de palabras zahirientes: "morón", "bruto", "animal", "bestia", "no sirves para nada", "no haces nada bien", "¿acaso eres anormal?".

Enfrentando tales insultos y en ese entorno negativo, llega el momento en que el niño se cree que la única forma de librarse de los insultos es no hacer nada.

Entonces, al llegar a la adultez, sepulta sus habilidades y aniquila su potencial porque proyecta la imagen del padre abusivo en la sociedad, en el supervisor o en su cónyuge que "lo castigará" si fracasa en algo.

Cuando llegó el momento de escribir este capítulo percibí que Dios iba a hablar específicamente a muchos que leen estas líneas. ¿Eres tú uno de ellos?

¿Te sientes victimizado, debilitado y paralizado por el temor al fracaso? ¡Tengo buenas noticias para ti! Si deseas vencer el temor al fracaso, haz estas cosas:

1. Entiende que no eres el único con la posibilidad de fallar.

La Biblia dice que "todos fallamos en muchas maneras" (Santiago 3:2). Yo he dicho una y otra vez, desde el púlpito de la iglesia que pastoreo, que todos estamos graduados de "fallología". ¿Acaso no es verdad? ¿Para qué se inventaron los borradores?

En el Antiguo Testamento vemos hombres y mujeres que aún siendo ejemplo de espiritualidad fracasaron muchas veces. ¿No es eso un testimonio de que Dios puede usar a quienes, en el pasado, fracasaron?

2. Entiende que perder una batalla no es perder la guerra.

¿Cuántas batallas perdieron generales como Napoleón Bonaparte, Simón Bolívar y George Washington?

Hubo momentos en que perdieron casi todas las batallas para luego, sorprendentemente, ganar la guerra. A veces, perdiendo ganamos.

Sí, es tan paradójico como lo que dijo Jesucristo: *"El que ama su vida la perderá"*. No obstante, es en esos casos de aparentes "fracasos" que se cumple lo que expresó el Apóstol Pablo: *"todo ayuda para el bien de los que, conforme a SU propósito, son llamados"*, Romanos 8:28.

Si algo aprendemos del fracaso
es como NO hacer algo.

Se dice que Thomas Alba Edison hizo diez mil intentos antes de lograr prender una bombilla y fracasó en encontrar el filamento adecuado. Pero él decía: "yo no llamo esto fracaso; lo llamo educación, pues he descubierto diez mil formas de no hacer algo".

La lección de un fracaso puede convertirse en la llave para una victoria futura. Como expresé en mi libro "A Frasetazo Limpio": "Dios saca frutos dulces de raíces amargas y sabe escribir derecho sobre líneas torcidas".

Fracasar en algo no te convierte automáticamente, en un fracasado.

He aquí la verdadera historia de un triunfador que fue mordido por el fracaso muchas veces:

- En el 1831: sufrió un devastador fracaso en los negocios.

- En el 1832: fue derrotado como candidato a la legislatura.

- En el 1833: fracasó nuevamente en los negocios.

- En el 1836: sufrió un colapso nervioso.

- En el 1838: fue derrotado como portavoz de la Cámara.

- En el 1840: fue derrotado como elector.

- En el 1843: fue derrotado en el Congreso.

- En el 1848: volvió a ser derrotado en el Congreso.

- En el 1855: fue derrotado en el Senado.

- En el 1856: fue derrotado como candidato a vice-presidente.

- En el 1858: fue derrotado como candidato al Senado.

- En el 1860: fue elegido presidente de los Estados Unidos de América.

¿Su nombre? Abraham Lincoln.

3. *Entiende que el fracaso no puede detener el propósito de Dios.*

Dios es un Dios de propósito y *"su propósito se cumplirá"* (Isaías 46:10-NVI). Cuando fracasamos se crea un proceso, pero Dios no se basa en nuestros fracasos para cancelar su propósito.

No hay duda de que Moisés tenía un llamado genuino, pero se adelantó y mató a un egipcio. Entonces, fracasó. Como resultado, vivió como prófugo por cuarenta años.

Cuando Dios captó su atención por medio de una zarza ardiente, Moisés se sintió inútil, inadecuado e incapacitado. *"¿Quién soy yo?"*, expresó. En su expresión dejó escapar su baja autoestima y su inseguridad. Entonces Dios le dijo: *"Yo soy el que soy"*.

Finalmente, Moisés entendió que la realización del llamado divino no se basaba en su fuerza natural ni en su habilidad intelectual. Es cierto que el fracaso de Moisés le produjo consecuencias dolorosas. No obstante, aquel fracaso también desencadenó un proceso de maduración de carácter.

Dicho proceso produjo en Moisés un quebrantamiento espiritual que lo sensibilizó para cumplir el propósito eterno de Dios.

No, no temas fracasar. No olvides que es mejor intentar algo y fracasar antes que reprimir el deseo de triunfar. Todo fracaso es temporal, por eso no podemos correr el riesgo de no correr el riesgo.

Si esto que he escrito no te motiva, entonces tendremos que hacer un culto de resurrección.

¡Dile que NO al temor al fracaso! En la cumbre hay un lugar para ti. Recuerda que la dulzura de una victoria borra la amargura de mil fracasos.

CAPÍTULO 9

El Temor Ante Un Llamado Difícil

Los que dicen "Me voy a meter al ministerio porque eso es un negocio redondo", no saben lo que están diciendo. Admito que para algunos "pseudo-didaskalos" manipuladores y mercaderes disfrazados de ministros, el ministerio es un negocio lucrativo.

No obstante, para los genuinos pastores de almas y ministros auténticos del Evangelio, el ministerio no es asunto fácil.

Dios mismo conoce que para el hombre lleno de debilidades y limitaciones no es fácil responder a su llamado divino. Sabe Dios que, cuando realizamos su llamado, nos enfrentamos al peligro, a la oposición y a las intrigas de la gente y al sistema religioso operante. Eso genera temor.

En 2da de Corintios 2:16, el Apóstol Pablo, que vivió en carne propia lo que es sufrir en el cumplimiento del llamado divino, se planteó el dilema *"ante estas cosas; "¿Quién es suficiente?"*.

La contestación nos la proporciona Pablo mismo, cuando, en Filipenses 4:13, emite el grito de victoria, que aparte del *"consumado es"* de Jesucristo, tal vez sea el grito que más impacto ha tenido en la humanidad. *"¡Todo lo puedo en Cristo, que me fortalece!"*

Dios sabe que no podemos depender de nuestras fuerzas y habilidades humanas para cumplir Su llamado. Sabe que tarde o temprano enfrentaremos al gigante del temor. Por eso, al llamarnos y durante la trayectoria ministerial, nos reafirma su fidelidad, nos brinda su fortaleza y nos garantiza su presencia cuando nos dice: *"¡no temas!"*.

El Caso De Abraham

Dios llamó a Abraham a salir *"de su tierra y de su parentela"* para ir a la tierra que luego le mostraría. (Génesis 12:1). Dios le dio el llamado y le dijo que saliera. Entonces Abraham salió en fe, sin saber ni siquiera adónde iba. Eso no es fácil.

¿Tendría Abraham temores? ¡Seguro que sí! Entonces, ¿cómo pudo proseguir? ¿Cómo pudo sostenerse en su llamado?

Porque cada vez que se enfrentaba al desaliento y a las circunstancias difíciles, Dios le decía: *"¡No temas!"*

El Caso De Josué

Moisés, que conocía por experiencia lo que significa realizar el llamado divino, antes de morir le expresó a su discípulo Josué: *"Jehová va delante de ti; él estará contigo, no temas ni te intimides."* (Deuteronomio 31:8).

Comúnmente, las palabras que un ser humano pronuncia al momento de su muerte, son de marcada importancia. Es interesante observar que Moisés no le da consejos de liderazgo a Josué ni le traza estrategias para la batalla. Tampoco le habla sobre "el modelo del éxito". ¡No! Moisés le dice lo más grave y neurálgico que le puede decir antes de morir: *"¡No temas ni te intimides!"*.

Moisés sabía que el peor enemigo de Josué no serían los Cananitas, ni ninguno de los gigantes de Anác; sino que sería el gigante del temor.

Dios mismo, ratificó el consejo de Moisés a Josué. Cuando la batalla contra Hai parecía cuesta arriba, Dios le repitió a Josué: *"¡No temas!"*

El Caso De Jeremías

Aunque Jeremías tenía 20 años cuando Dios lo llamó, el dijo: *"Soy niño"*. Es que, en aquellos días, los llamados a ejercer el ministerio de Profeta, por lo general eran a hombres maduros, con barba larga y voz grave.

Jeremías, a los 20 años, no poseía el temple, la sapiencia ni la experiencia que dan los años. Todavía recordaba los días cuando andaba con un chicle pegado al pelo y con una mariposa en el bolsillo.

Ser llamado por Dios a una edad tan tierna, representaba entrar a algo muy serio, muy temprano en la vida. Eso, naturalmente, genera temor.

Si analizamos el contexto histórico alrededor de Jeremías, es entendible que tuviera una predisposición al temor.

Hilcías, el padre de Jeremías, era un sacerdote. ¿Ves cómo el llamado de Jeremías era singular en el sentido de que Dios estaba rompiendo todos los estereotipos habidos y los paradigmas establecidos?

Primero lo llama siendo joven y luego a ser profeta en lugar de a ser sacerdote como su padre. Como hijo de un sacerdote, Jeremías sabía las demandas y peligros del llamado sacerdotal. ¿Cómo se sentiría cuando pensaba en lo que tendría que enfrentar como profeta?

En segundo lugar, es interesante notar que Jeremías fue llamado en el año décimotercero del reinado de Josías (2da Reyes 22:3; 2da Crónicas 35:25; 36:12, 21).

Aunque Josías era un rey benigno, antes de él había reinado en Judá el impío y perverso Manasés y luego de él, su hijo Amón (2da Reyes 21:1-18).

Estos dejaron la nación en un estado de anarquía social, depravación moral e idolatría religiosa. Tal era el grado de idolatría, que hasta el templo sagrado era profanado con la adoración a falsos dioses. Cuando Dios llamó a Jeremías, pese a los esfuerzos del rey Josías, esa condición aún imperaba en Judá.

¿No era eso base suficiente para que Jeremías sintiera temor? Cuando él dijo: *"soy niño"*, en realidad estaba intentando disfrazar su temor. No solo se sentía incompetente por ser tan joven, sino que estaba "temblando" ante la grandeza de su llamado.

La lección es obvia. Cada hombre o mujer llamado al propósito eterno de Dios tiene que enfrentarse al gigante del temor. El enemigo sabe que si no logra paralizarnos a través del temor, no podrá detenernos jamás.

Dios no validó las excusas de Jeremías y las descartó como irrelevantes. Pero sabía que el joven profeta necesitaría un salvoconducto divino para realizar su llamado. Entonces le dice: *"No temas delante de ellos, porque contigo estoy para librarte, dice Jehová."* (Jeremías 1:8).

Cuando Jeremías comenzó a dar su mensaje de restauración y juicio nacional, se enfrentó exactamente a lo que había anticipado.

Leyendo a través de su libro, vemos cómo los hombres de Anatot lo amenazaron de muerte si profetizaba. Aun su familia se levantó contra él y luego fue echado en una cisterna, etc.

¿Qué sostuvo a Jeremías a través de su difícil ministerio en medio de una asqueante apostasía? El *"no temas"* que Dios le había dado cuando lo llamó.

Dios no llama a los preparados, sino que El prepara a los llamados.

El glorioso ministerio de Jeremías quedó registrado como ejemplo de que Dios no llama a los preparados, sino que prepara a los llamados.

También es una evidencia de que Dios nunca llama a nadie sin antes planificar darle la fortaleza y los medios para realizar su llamado.

Jeremías no murió hasta que no terminó la encomienda de Dios para su vida. Demostración contundente de que ni la crítica, ni la persecución, ni la traición, pueden paralizar el propósito eterno de Dios con sus elegidos.

Los ejemplos de Abraham, Josué y Jeremías aquí comentados, como también los ejemplos de otros grandes hombres y mujeres de Dios en la Biblia, deben servirnos de estímulo hoy día.

Es cierto que el temor toca a nuestras puertas, pero no estamos obligados a abrirle y mucho menos, a ponerle una silla para que se siente. No podemos permitir que el temor ahogue nuestro llamado.

Muchos creyentes capacitados, con talentos y dones, no se envuelven en el ministerio de la Iglesia porque el temor los mantiene paralizados.

A veces, detrás de excusas comunes como: "no tengo tiempo", "no sé dar clases", "no sirvo para testificar", etc., lo que se esconde es un espíritu de temor.

En el área del ministerio, cuando enfrentamos un reto de difícil realización, es casi seguro que seremos zarandeados por el temor. Si el diablo logra atemorizarnos, desestabilizará nuestra psiquis y paralizará nuestro llamado.

Creo que por eso fue que, cuando María se turbó ante la salutación profética del Ángel Gabriel, rápidamente, sin pérdida de tiempo, este le manifestó: *"María, no temas."* (Lucas 1:29-30).

Es revelador que cuando Pablo le habla a Timoteo sobre el espíritu de temor, lo hace en el contexto del ministerio. En el verso 6 de 2da de Timoteo, le había expresado: *"por lo cual te aconsejo que avives el fuego del don que está en ti, por la imposición de mis manos";* luego, en el verso 7, le señala: *"Dios no nos ha dado espíritu de temor".*

Parece que el Apóstol Pablo discernió que un espíritu de temor quería impedir que Timoteo desarrollara y ejecutara sus dones para la edificación del cuerpo de Cristo.

En esta hora crucial que vive la Iglesia, Dios nos está llamando a realizar el verdadero ministerio profético. **Esto es, llamar al pueblo a retornar a la palabra.**

Tal vez tú, que lees este libro, eres uno de esos llamados en esta hora profética. Sabes que Dios te está marcando una nueva dimensión.

> *Dios está llamando al pueblo*
> *a retornar a la palabra.*

Ves, con asombro, el surgir de distintas sectas y la propagación de herejías que se presentan bajo el disfraz de "nuevas revelaciones" y sientes el impulso de hablar.

Piensas en la multitud de almas que están siendo engañadas y manipuladas por líderes inescrupulosos, y sabes que posees el deber ministerial de levantar tu voz de alerta.

Pero tienes temor. Temor a perder "amigos" e influencias. Temor a que tu mensaje destape la olla de calabazas silvestres que existe en la olla de "la cristiandad" y a que salga todo el hedor a muerte que se encierra en dicha olla envenenada. Temor a que, por sonar "controversial", recibas el rechazo y la oposición de aquellos que desean mantener la unidad a costa de la verdad.

Si ese es tu caso, hoy el Señor te habla y te dice: "*¡No temas!* La harina de mi palabra que te he dado, neutralizará el veneno que hay en la olla religiosa." *¡No temas!*

No olvides que el silencio de los buenos es el triunfo de los malos.

¿Qué hubiera pasado si Jeremías se hubiera callado? *¡No temas!* Aún si los enemigos de la verdad amenazan con matar tu cuerpo; pues aquellos que persiguen tu llamado no pueden matar tu alma ni la verdad que proclamas. *¡No temas!*

CAPÍTULO 10

El Temor A La Muerte

El viaje desde Nueva York a Puerto Rico me pareció excesivamente largo. Fue este el viaje que nunca quise hacer. Llegué a San Juan, alquilé un automóvil y comencé el trayecto hacia el pueblo de Comerío.

A medida que me acercaba, mi mente se iba llenando de remembranzas. Cuando entré a la ruta 156, comencé a llorar. ¡Cuántas veces transité ese trayecto con ella! Observaba los pequeños colmados donde, en ocasiones, nos habíamos detenido para comprar algunos "encarguitos".

Llegué a la casa de mi hermana Ana y comencé a subir lentamente la escalera. Cada escalón aumentaba mi dolor. Al llegar a la sala, todas mis hermanas (pues en mi casa soy el único varón) me rodearon y me escoltaron hacia el cuartito donde ella se encontraba. Entonces, quedé frente a frente a mi moribunda madrecita.

Hacía solo dos meses que había hablado con ella y juntos, yo tocando la guitarra y ella cantando "coritos", adorábamos al Señor. Ahora, su salud se había extinguido; no hablaba, no abría sus ojos y no podía ingerir alimentos. Los médicos la desahuciaron y la habían enviado a morir.

Mis hermanas, conociendo mi relación especial con ella como único hijo varón, además de ser su predicador favorito, me dejaron un momento a solas con ella.

Tomé su manita y comencé a musitar una oración; tal vez la oración más recordada de mi vida. De momento, sentí que su mano apretó la mía; y al mirarla, ella, que en muchos días no había abierto sus ojos, me miró.

¡El brillo que había en sus ojos era indescriptible! No pudo decirme nada verbalmente, pero con su expresión facial me estaba diciendo que los ángeles la venían a buscar. Veinticinco minutos después, llena de serenidad y con una expresión de reposo y paz, se marchó a la eternidad.

Por lo que viví junto al lecho de muerte de mi mamita Asunción, sé que el creyente en Jesucristo no enfrenta la muerte en las redes del temor.

El temor a la muerte (tanatofobia) es un mal universal. No niego la realidad de que aún en los creyentes existe cierta aprehensión inherente. Aun los más sinceros están imbuidos por el temor a la muerte.

Creo que es preciso diferenciar entre el temor emocional a la muerte biológica y el temor espiritual a la muerte eterna. El impío posee las dos clases de temor, pero en el creyente solo existe la posibilidad del primero.

De ese temor "almático", ni el mismo Jesús se libró. Por eso, en Getsemaní expresó: *"Mi alma está angustiada hasta la muerte"* y añadió: *"a la verdad la carne es débil, pero el espíritu está dispuesto"* (Mateo 26:38, 41). Es claro que ante el espectro de la muerte, la carne de Jesús tembló; no obstante, en su espíritu no había temor. Él había dicho: *"nadie me quita mi vida, tengo poder para ponerla y tengo poder para volverla a tomar"* (Juan 10:18).

El temor a la muerte se relaciona principalmente, con el temor a lo desconocido y el temor al futuro. Es logico que quienes no han confiado su futuro a Dios, vivan con temor a la muerte. El creyente, en cambio puede decir: "porque él vive, no temo al mañana" pues *"aunque ande en valle de sombra de muerte, no temeré mal alguno, porque tu estarás conmigo".*

Creo que lo que más mata a la gente es el mismo temor a la muerte. Este puede llegar a ser tan intenso que lleva a sus víctimas a dejar de vivir.

Se cuenta que Sigmund Freud, el padre de la sicología moderna y ateo confeso, vivía con una ansiedad que lo atormentaba. Él vivía con el temor constante de que moriría antes de llegar a los 50 años. Después que llegó a los 50 años y no murió, pasó los siguientes 30 años consternado por que su vida no tenía sentido.

He aquí un hombre que no disfrutó su vida por el temor a la muerte. Lo más triste de todo es que nada de lo que hagamos puede librarnos de la muerte.

Recuerdo el cuento de un hombre llamado Chewy que, en el pueblo donde vivía, gozaba de mucha fama.

Un día la muerte, vestida con una túnica negra y guadaña en mano, se presentó a su casa para llevárselo y no lo encontró. Entonces, la muerte comenzó a caminar por las calles preguntando por él. Cuando Chewy regresó al barrio, todos le dijeron: "cuídate y escóndete Chewy, que la muerte te anda buscando". Apresuradamente, Chewy se cambió de ropa, se colocó una barba postiza y se rapó la cabeza.

Más tarde, al llegar la noche, se fue al club a bailar lo más contento. Pensaba: "ahora la muerte no me va a reconocer". De repente, la muerte se presentó en el club donde se escenificaba el baile y comenzó a preguntar dónde estaba Chewy.

Como nadie podía decirle, se acercó a donde Chewy bailaba con su pareja y dijo: "Ya que nadie puede decirme dónde está Don Chewy, para no perder mi viaje, déjenme llevarme este calvo". Entonces, agarró a Chewy y se lo llevó.

Moraleja: No podemos permitir que el temor a la muerte condicione nuestra vida. Tampoco debemos caer en el error de Chewy e intentar huir de su realidad.

Como sucedió con Chewy, quien no ha depositado su fe en Jesucristo, el solo pensar que ha de abandonar esta vida con sus placeres carnales para aventurarse en un mundo desconocido, le llena de pánico.

Los Impíos Ante La Muerte

Las expresiones que han hecho algunos de los ateos y anti-cristianos más renombrados en su lecho de muerte, evidencian lo horrible que es morir sin Dios:

- **Thomas Hobbes**, reconocido filósofo inglés, al momento de morir expresó: *"Ha llegado mi turno para dar un salto a las tinieblas".*

- **Thomas Paine**, fue un deísta que dedicó toda su vida a ridiculizar la Biblia y el cristianismo. Poco antes de morir, se retorcía de dolor y gritaba con desesperación: *"¡Oh Dios, ayúdame; ¡Oh Jesucristo! Daría todo el mundo, si lo tuviera, para que la Edad de la Razón no se publicara más. ¡Oh Cristo, ayúdame! Envíame, aunque sea un niño a mi lado. Si el diablo tuvo algún agente solitario en la tierra, ese fui yo. Estoy al borde del infierno.".*

- **Sir Francis Newport**, quien fuera el líder del club de infieles de Inglaterra, en su agonía exclamaba: *"Millones y millones de años no podrían acercarme el final de mis tormentos".* A los amigos que lo acompañaban en sus últimos momentos les decía: *"No tienen que decirme que hay un Dios, pues ahora sí creo que existe. No tienen que decirme que hay un infierno, pues siento que me deslizo hacia él. Abandonen sus tontas palabras de esperanza, pues sé que estoy perdido, perdido para siempre. ¡Oh, el fuego! Oh, las insufribles angustias del infierno.".*

- **George Bernard Shaw**, irlandés, escritor de los dramas "Evolución Creativa", expresó: *"La ciencia en la cual deposité mi fe está en bancarrota. Sus principios, que debieron haber establecido el milenio condujeron directamente, al suicidio de Europa. En su nombre, yo contribuí a destruir la fe de millones de adoradores en los templos. Y ahora, ellos me miran a mí y son testigos de la gran tragedia del ateo que perdió su fe.".*

- **Voltaire**, otro famoso deísta e incrédulo francés, al momento de morir gritaba enloquecido: *"Estoy abandonado, muero abandonado de Dios y de los hombres."* En su desesperación le gritaba a su médico, el Dr. Tronchin: *"Le daré la mitad de mi fortuna si usted me añade seis meses más de vida."* Cuando el Dr. Tronchin le dijo que no podía darle ni seis semanas, Voltaire le gritó: *"Pues entonces me iré al infierno y usted se irá conmigo."* La enfermera que lo atendió en su agonía, luego de su muerte expresó: *"Se pasó gritando aterrorizado. Tan horrible fue su muerte, que ni por todo el dinero que hay en Europa, volvería yo a estar presente en la muerte de un ateo.".*

Es penoso leer estas líneas y ver cómo los impíos, al momento de morir, se aterrorizan, gritan y lanzan gemidos angustiosos, aferrándose a su pedazo de barro.

Es evidente que para el no creyente la muerte es un linchamiento, una ejecución y un descenso al tormento eterno.

Los Creyentes Ante La Muerte

A diferencia de los impíos, el creyente en Cristo ve la muerte desde una perspectiva brillante y con una óptica diferente.

La valentía y el gozo con el cual los cristianos de todos los tiempos han enfrentado la muerte, siempre ha sido la mayor demostración del Evangelio.

El espíritu heroico con el cual los mártires del cristianismo enfrentaban la hoguera, la horca y los leones feroces del anfiteatro romano, no tiene paralelo en la historia humana.

El temor a la muerte no podía silenciar sus voces ni opacar sus valientes testimonios. Con gritos de júbilo y celebración enfrentaban la muerte y ofrendaban sus vidas.

El Obispo de Esmirna es un ejemplo que no podemos obviar. Policarpo nació en el año 69 después de Cristo. Cuando aún era un niño, fue vendido como esclavo a una mujer rica llamada Calisto, quien lo crió como si hubiera sido su hijo natural.

A temprana edad, Policarpo confesó a Jesucristo como su salvador personal. Más adelante llegó a ser discípulo del Apóstol Juan, del cual recibió información directa sobre las experiencias del gran Apóstol con Jesucristo.

Estando activamente envuelto en el ministerio de la Iglesia de Esmirna, murió Doña Calisto, quien le dejó una gran herencia. Policarpo utilizó dicha fortuna para adelantar la causa de Jesucristo y ayudar a los pobres.

Cuando la gran persecución, bajo el temible Emperador Marcos Aurelio, recrudeció, Policarpo ya tenía 86 años de edad.

Aunque había sobrevivido a la persecución, Policarpo sabía que su arresto era inminente. Tres días antes de su martirio había tenido una revelación en la cual observaba que su almohada estaba envuelta en llamas. Para él, eso era una señal inequívoca de que moriría quemado en la hoguera.

Cuando se rumoraba que sería arrestado, sus amigos le rogaron que se escondiese, a lo que Policarpo se negó rotundamente. Cuando llegaron los soldados a buscarlo, Policarpo no se resistió y serenamente dijo: "Hágase la voluntad de Dios".

Luego de servirle comida a sus captores, les pidió permiso para orar. Tal era el poder de su oración que algunos de los soldados se arrepintieron de haber sido elegidos para arrestar al anciano pastor.

En el camino al martirio, veía cómo muchos de sus discípulos lloraban y algunos se desmayaban a los lados de la calle por el dolor que sentían. Un niño se le acercó y besó sus cadenas, mientras que una anciana le decía: "¡Policarpo, sé fuerte!"

Sus verdugos le dijeron: "Para librarte de la muerte sólo tienes que decir que César es el Señor y que mueran los enemigos de los dioses.". Rápidamente, Policarpo gritó: "Jesucristo es el Señor y que mueran los enemigos de Dios".

Dándole otra oportunidad, le dijeron: "Maldice a Jesucristo". Policarpo les contestó: "Por ochenta y seis años le he servido y nunca me ha hecho mal, ¿cómo maldeciré a mi Rey y Señor?". El procónsul le amenazó: "Entonces te echaré a las fieras salvajes". "Hazlas venir; estoy preparado", le contestó y agregó: "Los cristianos hemos decidido que no cambiaremos el bien por el mal".

El procónsul le contestó: "Como no temes a las fieras, te mandaré a quemar vivo". Policarpo le dijo: "No le temo al fuego que quemará mi cuerpo y se extinguirá en un momento. Témele tú al fuego eterno del infierno".

Cuando contestaba, Policarpo reflejaba un reposo y una seguridad impresionantes. Era como si la gracia que había predicado, ahora cual lumbrera, iluminaba su rostro.

En ese instante el juez se enfureció y gritó a viva voz, tres veces: "¡Policarpo se ha confesado cristiano!". Entonces, toda la multitud gritó: "¡Que sea quemado vivo!". Y de sus talleres y casas sacaron la leña y prendieron una enorme hoguera.

Con las manos atadas a sus espaldas, Policarpo se acercó a la hoguera y oró: "Señor Todopoderoso, gracias por haberme concedido hoy que yo sea contado entre tus mártires; entre quienes te pido me aceptes hoy, como sacrificio aceptable ante ti, ¡oh Dios verdadero!, en quien no hay engaño. Te alabo y te glorifico por el Eterno Jesucristo a quien sea la gloria, ahora y por todas las edades. Amén.".

Cuando dijo "Amén", algo extraño sucedió. Las llamas hicieron un cerco a su alrededor mientras Policarpo, en el centro, continuaba alabando a Dios.

Luego de un tiempo, el juez ordenó al ejecutor herirlo con su lanza. Por los huecos que la lanza abrió en el cuerpo de Policarpo, salió tanta sangre que esta extinguió las llamas.

Finalmente, cuando ya Policarpo había muerto, volvieron a encender la hoguera y quemaron su cuerpo. Así murió Policarpo en el año 155 D.C.

El martirio de este héroe del cristianismo expresa la diferencia entre el pánico y el terror del impío y la valentía y la seguridad del creyente ante la muerte.

La paz con la que un creyente espera su fin y el gozo que expresa en su lecho de muerte, son algunas de las cosas que los impíos no pueden entender y uno de los testimonios más elocuentes del cristianismo.

Testimonios De Creyentes Ante La Muerte

No deja de impresionarme el contraste tan marcado entre las últimas expresiones de los impíos y los dichos por los creyentes al momento de su muerte.

- **D. L. Moody**, el famoso Pastor y Evangelista del siglo 18, horas antes de morir se quedó dormido. De momento, despertó con una sonrisa angelical y con ternura dijo: *"El cielo se abre ante mí. Si esto es la muerte, es demasiado dulce. Por favor, déjenme ir, Dios me está llamando"*.

  Su hijo, que estaba a su lado, le dijo: *"No, padre mío, tú estás soñando"*.

  Moody le contestó: *"No, no estoy soñando. Ya yo pasé las puertas; este es mi momento triunfal; es mi día de coronación. ¡Es glorioso!"* Entonces, cerró sus ojos y expiró.

- **Augusto Toplady**, predicador anglicano y autor del famoso himno "Roca de la Eternidad", al momento de morir, manifestó: *"La consolación de Dios para con este inmerecido ser ha sido tan abundante que no me permite pedir nada más. ¡Ya estoy disfrutando el cielo en mi alma!"*

- **Benjamín Parsons** expresó: *"No tengo temor. Mi cabeza descansa dulcemente en tres almohadas: Poder infinito, sabiduría infinita y amor infinito.".*

- **Katherine Booth**, esposa del conocido fundador del Ejército de Salvación, expresó: *"Las aguas se están levantando y yo me levanto con ellas. No me estoy hundiendo, estoy subiendo. No teman a la muerte. Vivan correctamente y el morir no será un problema.".*

- **Margaret Prior** exclamó: *"La eternidad se abre ante mí como un océano de gloria."*

- **John Pawson** expresó: *"Sé que estoy muriendo, pero mi lecho de muerte es una cama de rosas. No hay espinas en mi almohada. En Cristo, ya mi cielo ha comenzado.".*

- La hermana Martha McCracken, al momento de expirar, exclamó: *"¡Qué brillante está el cuarto, está lleno de ángeles!"*

- John A. Lyth, minutos antes de morir, se preguntaba: *"¿Puede esto ser la muerte? ¡Esto es mejor que la vida! Díganle a la familia que muero feliz en Jesús".*

- John Newton había sido un traficante de esclavos. En uno de sus viajes, en medio del océano, tuvo una experiencia con Dios tan monumental que lo llevó a regresar su barco a tierra y dejar libre el cargamento de esclavos que llevaba. Luego, como pastor presbiteriano, fue uno de los que inspiró la abolición de la esclavitud en diversos lugares. Su mayor legado, sin embargo, fue el famoso himno "Amazing Grace", que escribió mientras meditaba en la grandeza de la gracia divina. Antes de morir, John Newton exclamó: *"¡Todavía estoy en la tierra de los murientes, pero ya mismito estaré en la tierra de los vivientes!"*

Tan grandioso es el gozo del creyente al momento de su muerte que un soldado del ejército de la China comunista, que había conducido a muchos cristianos a la ejecución durante la bestial dictadura de Mao Tsetung, al encontrarse con un Pastor evangélico le dijo: *"He visto a mucha de tu gente morir y he comprobado que los creyentes mueren diferente. ¿Cuál es su secreto?"*

"¿Dónde está, oh muerte, tu aguijón?"
1ra Corintios 15:55

El secreto radica en el hecho de que el creyente muere sabiendo que Jesucristo venció a la muerte.

Él dijo: *"Muerte, yo seré tu muerte"* (Oseas 13:14). Para el creyente en Cristo, la muerte no es caer en un eterno tormento, es un arrebatamiento; no es una tortura, es una ricura; no es una condenación, es una liberación. Romanos 5:12 dice: *"el pecado entró en el mundo por un hombre y por el pecado, la muerte"*.

Lamentablemente, por ser Adán una cabeza jurídica y federativa (un ser representativo), en su caída nos dejó caer a nosotros y *"quedó establecido que los hombres mueran una sola vez, y después, el juicio."* (Hebreos 9:28).

Sin embargo, Jesucristo, el postrer Adán, vino y murió *"para destruir por medio de la muerte al que tenía el imperio de la muerte, esto es, al diablo."* (Hebreos 2:11).

En 1ra de Corintios se encuentra el grito de victoria: *"Sorbida es la muerte en victoria. ¿Dónde está, oh muerte, tu aguijón? ¿Dónde, oh sepulcro, tu victoria?"* (1ra de Corintios 15:54b-55). ¿Cuál es el aguijón de la muerte?

El aguijón de la muerte es el pecado. Ante aquel cuyos pecados han sido perdonados por Jesucristo, la muerte no tiene aguijón. La muerte sin el pecado es como un ciempiés sin ponzoña. ¡No puede picar!

La liberación del pecado es, a la misma vez, la liberación del temor a la muerte.

El que ha sido perdonado de sus pecados y conoce que ha sido aceptado *"en el Amado"*, puede hundir su cabeza agonizante en su almohada y morir tranquilamente.

Al creyente, la muerte no ha de amedrentarlo pues con Cristo ya está asegurado y la muerte no posee otro aguijón a la mano contra aquel que, por Cristo, ha sido perdonado. Cuando el cuerpo del creyente quede inerte, Cuando exhale su último suspiro, pasará a gozar junto a los redimidos, En presencia de aquél que venció a la muerte.

Con sobrada razón, el Apóstol Pablo expresó: *"Para mí, el vivir es Cristo y el morir es ganancia"* (Filipenses 1:21). Fue Pablo quien aseveró que morir es estar *"ausente del cuerpo y presente en el Señor"* (Colosenses 2:5).

Como si fuera poco, en Romanos 8:38, Pablo declaró que *"ni la muerte nos apartará del amor de Cristo"*. Si la muerte no nos apartará del amor de Cristo, sabemos que después de la muerte, Cristo nos seguirá amando. Entonces, ¿por qué hemos de temer a la muerte?

El pronunciamiento paulino es claro y contundente: *"Sea que vivamos, o que muramos, somos del Señor"* (Romanos 14:8).

La muerte no cambiará nuestra relación con Jesucristo, sino que ampliará nuestra comunión con él. *"Ahora vemos por espejo oscuramente, pero entonces conoceremos como fuimos conocido"* (1ra Corintios 13:12).

Como Pastor evangélico, por veinte años consecutivos he presenciado los momentos finales de muchos creyentes y soy testigo de manifestaciones de gozo sin igual, emanaciones de luz y raudales de amor. He visto los rostros sonrientes de los creyentes al morir y sé que ellos veían los ángeles que venían a buscarlos.

Como testigo presencial de la actitud de muchos creyentes ante la muerte, he confirmado, una y otra vez, lo que expresó el salmista David en el Salmo 23:4: *"Aunque ande en valle de sombra y de muerte, no temeré mal alguno porque tú estarás conmigo. Tu vara y tu cayado me infundirán aliento."*

CAPÍTULO 11

¿Cómo Ser Libres Del Temor?

En las páginas de este libro, hemos analizado distintos aspectos sobre el tema del temor. Hemos comprobado cómo el temor al fracaso, el temor ante un llamado difícil, el temor al rechazo, el temor a la muerte, etc., todos, en una forma u otra, limitan, paralizan y esclavizan a sus víctimas.

Algo que ha quedado meridianamente claro es que, más que una emoción negativa, el temor es un espíritu de esclavitud y de tormento (Romanos 8:10; 2da Timoteo 1:7; 1 Juan 1:18).

La Biblia establece que *"el temor no es de Dios"*. Por ende, enfrentarlo considerándolo solamente desde la perspectiva físico-emocional, es buscar la rama sin ir a la raíz; es intentar aliviar los síntomas, sin curar la enfermedad.

Si el temor es un agente espiritual, este debe ser enfrentado con armas espirituales. Es glorioso saber que el creyente en Cristo tiene a su disposición los medios necesarios para vencer a este gigante.

Pablo expresó que *"las armas de nuestra milicia no son carnales, sino poderosas en Dios para la destrucción de fortalezas"* (1ra Corintios 10:4).

No debemos ignorar la realidad del temor, pretendiendo que no existe. Como hizo David, debemos enfrentarlo valientemente con las armas espirituales. Esas poderosas armas espirituales las encontramos en el contexto de las Sagradas Escrituras.

Mencionaré solo cinco, no porque sean las únicas, sino porque en mi experiencia cristiana, han sido vitales.

1. Internaliza la Palabra de Dios y medítala.

"Porque la palabra de Dios es viva y eficaz, y más cortante que toda espada de dos filos; y penetra hasta partir el alma y el espíritu, las coyunturas y los tuétanos, y discierne los pensamientos y las intenciones del corazón" – Hebreos 4:12.

En la armadura de la Fe mencionada en Efesios 6:10-20, se señala la Palabra de Dios como la única arma ofensiva del creyente.

El enemigo no tiene ningún poder ante la Palabra de Dios, porque ella es Dios en acción.

No se puede separar la palabra escrita de la Palabra Encarnada. La palabra es espíritu y es vida porque *"en el principio de todas las cosas era la Palabra y la Palabra estaba con Dios y la Palabra era Dios"* (Juan 1:1 – NASB).

Por cuanto el temor es un espíritu, tiene que ser combatido en la esfera espiritual. Es ahí donde entra en acción la Palabra de Dios. Jesucristo dijo: *"tu Palabra es espíritu y es vida"* (Juan 17:17).

La Palabra de Dios trasciende lo físico-emocional y entra a la esfera espiritual, donde contraataca y erradica todo espíritu de temor.

Es interesante notar que cuando Dios llamó a Josué, le dijo: *"No temas ni desmayes"* (Josué 1:9). Por causa de su temor a los gigantes, los israelitas habían deshonrado a Dios y habían sido privados de entrar a la tierra prometida. Más adelante, Moisés mismo fue descalificado.

Es lógico suponer que el joven Josué, sintiera temor ante un llamado tan grande. Él sabía lo difícil que era dirigir a un pueblo numeroso y con una historia de incredulidad y desobediencia.

¿Cómo podría Josué mantenerse libre del temor? El Señor mismo le dio la clave: *"Meditarás en este libro de día y de noche"* (Josué 1:8). Era la palabra de Dios la que mantendría a Josué libre de temor.

La palabra hebrea para el término "meditar" es "Hagah". El equivalente griego es "Meletao". Es preciso entender que ambas palabras llevan la idea de rumiar.

Entre los animales que rumian sobresale la vaca. Esta posee cuatro cabidas estomacales: panza, bonete, librillo y cuajar. La vaca primero pasta la hierba y la engulle acumulándola en la panza. Luego la regresa a la boca y la remastica para pasarla a otro compartimento. Así continua hasta completar todo el proceso digestivo.

Tanto el término griego "Meletao" como la palabra hebrea "Hagah", llevan la idea de "ponderar", "repensar" y "revolver" un pensamiento una y otra vez. Describen la acción de una persona que "habla consigo misma", murmurando palabras entre dientes.

148

El verbo rumiar viene del término latino *"Rumigare"* y, por asociación, significa: *hablar algo entre dientes, murmurar, rezongar y decir con la boca semicerrada expresiones para nosotros mismos*. También lleva la idea de *andar repensando, dando vuelta a las cosas y manteniendo un diálogo interior*.

No deja de asombrarme la relación entre el rumiar de las vacas y el acto de un creyente meditando e internalizando la Palabra de Dios. Antes de conocer estos detalles, me preguntaba porqué el Señor le había dicho a Josué: *"Meditarás en este libro de día y de noche"*.

¿Cómo es posible, si de noche estamos dormidos?, me preguntaba. Ahora sé que el creyente tiene la capacidad de "rumiar" la palabra, remasticarla y redigerirla, pasándola de la cabida almática a la cabida pneumática.

Cuando la palabra trasciende la realidad mental y penetra al espíritu, entonces, como ella es *"espíritu y vida"* (Juan 17:17), se fusiona y amalgama en nosotros. Es ahí que, como espada afilada, hace "metanoia" y penetra hasta el tuétano que es la parte más profunda e íntima de nuestro ser.

Cuando eso sucede, la Palabra produce fe "pneumática" (Romanos 10:17), que va viajando de "pneuma" a "psuché"; es decir del espíritu al alma. Una vez allí, la Palabra neutraliza y paraliza todo espíritu o emoción de temor.

Es obvio que la fe es el antídoto para el temor y la Palabra de Dios es el fundamento de la fe. Cuando poseemos esa combinación, vivimos libres de temor y el temor *"huirá de nosotros"* (Santiago 4:7).

2. Controla tus pensamientos

La relación que existe entre el pensamiento y el temor es innegable. La dinámica interior de un individuo influye en su comportamiento. Toda acción positiva o negativa es el producto de un pensamiento.

En mi libro, **Autoestima: Una Perspectiva Bíblica**, expresé: "Tu mente, en todo momento, se moverá en dirección a tus pensamientos más dominantes. Lo que piensas, siempre determina lo que eres". Fue el sabio Salomón quien manifestó: *"Porque cual es su pensamiento en su alma, tal es él"*, Proverbios 23:7.

En 2ª. de Corintios 10:3-5, se encuentra esta interesante escritura: *"Pues, aunque andamos en la carne, no militamos según la carne; porque las armas de nuestra milicia no son carnales, sino poderosas en Dios para la destrucción de fortalezas, derribando argumentos y toda altivez que se levanta contra el conocimiento de Dios, y llevando cautivo todo pensamiento a la obediencia a Cristo."*.

Una fortaleza es un centro de ataque del enemigo. Según este texto, el temor es una fortaleza enemiga en nuestra mente. Algunos neurólogos creen que la parte baja-central de nuestro cerebro, conocida como el "tálamo", es el centro de todas nuestras emociones, incluyendo al temor.

Sabemos que bíblicamente el temor, más que una emoción negativa, es un espíritu infernal. No obstante, si vemos la mente como una matriz, entenderemos que en ella se forman "los fetos de temor" que luego se manifestarán como acciones de temor. Agraciadamente podemos "abortar" esos fetos de temor.

Me preguntarás: ¿Cómo es eso posible? La Biblia tiene la respuesta: *"Llevando cautivo todo pensamiento a la obediencia de Cristo"*.

¿Cómo puede lograrse esto? Hemos de seguir el sabio consejo paulino: *"Por lo demás, hermanos, todo lo que es verdadero, todo lo honesto, todo lo justo, todo lo puro, todo lo amable, todo lo que es de buen nombre; si hay virtud alguna, si algo digno de alabanza, en esto pensad"* (Filipenses 4:8).

Los pensamientos de temor no son verdaderos, ni son honestos, ni justos, ni puros, ni amables; tampoco poseen buen nombre, ni tienen virtud, ni son dignos de alabanza. Por tanto, dichos pensamientos deben ser llevados cautivos, reprendidos y cancelados en el nombre de Jesucristo.

Al respecto, el gran Apóstol Pablo expresó: *"No os conforméis a este siglo, sino transformaos por medio de la renovación de vuestro entendimiento, para que comprobéis cuál sea la buena voluntad de Dios, agradable y perfecta"* (Romanos 12:2).

No debes acumular más información negativa en tu mente. **No permitas que pensamientos negativos sean fortalezas espirituales en tu interior.**

Haz que tu pensamiento persevere en tu Dios. Luego, comienza a alabar al Señor con confianza, diciéndole: *"Tú guardarás en completa paz a aquél cuyo pensamiento en ti persevera; porque en ti ha confiado"* (Isaías 26:3).

Cuando tu mente es renovada por la Palabra de Dios, todos aquellos *"pensamientos y argumentos"* antipalabra son derribados.

Entonces, tus pensamientos regresan a tu Creador. La Palabra de Dios comienza a llenar toda tu mente y a renovar tu entendimiento. Cuando eso sucede, el espíritu de temor ¡huirá de ti!

3. Desarrolla tu intimidad con Dios

Hemos de redescubrir el poder de la oración. No puedes estar orando y permanecer en temor al mismo tiempo (Filipenses 4:6-7).

David había sido pastor de ovejas. No obstante, en el Salmo 23 se posiciona a sí mismo como oveja y habla del pastor desde la perspectiva de una oveja que ha desarrollado intimidad con su pastor.

En el verso 4 dice: *"Aunque ande en valle de sombra de muerte, no temeré mal alguno, porque tú estarás conmigo"*. El valle de sombra de muerte no era un lugar imaginario, era y es un lugar real en Palestina. Se extiende desde Jerusalén hasta la ribera del Mar Muerto; y es un camino altamente peligroso pues está plagado de serpientes, insectos y peñascos.

Al transitar por *"el valle de sombra de muerte"*, las ovejas corren el riesgo de ser mordidas por las víboras, picadas por los insectos o caerse por un precipicio.

Sin embargo, ante todo ese peligro la oveja no posee ningún temor. ¿Dónde se fundamenta esa ausencia de temor? El secreto es que la oveja cuenta con la presencia del pastor y *"su vara y su cayado le infunden aliento"*.

La oveja sabe que el pastor está bien equipado para defenderla de los ataques de los lobos, las víboras y *"los angustiadores"*. Es esa dependencia, confianza y relación de intimidad con el pastor, lo que le proporciona seguridad y la libera del temor.

Si alguien experimentó temores en todas las áreas de su vida, fue el rey David. Sin embargo, ese gran hombre, aprendió a enfrentar sus temores, a descartarlos y continuar adelante.

¿Cuál era el secreto de David? ¡Intimidad con Dios! Él sabía lo que una oveja podía esperar de un buen pastor y había aprendido a conocer a su Pastor, pasando mucho tiempo en intimidad con él.

Como creyentes en medio de este siglo malo enfrentamos al gigante del temor que se manifiesta con diversas caras. Para vencerlo, no bastan el mero formalismo religioso, las confesiones positivas o las oraciones instantáneas.

¡Hemos de intimar con Dios! Hemos de pasar tiempo en su presencia orando, hablando con él y alabando su santo nombre. Sólo así podremos expresar como David: *"Busqué a Jehová y él me oyó, y me libró de todos mis temores"*, Salmo 34:4.

4. Acepta el perfecto amor de Dios.

A primera vista no es fácil notar relación alguna entre el amor y el temor. No obstante, 1ra Juan 4:18 es claro en puntualizar que *"el perfecto amor echa fuera el temor"*.

Si comprendemos que una relación de amor genuino es la base para el desarrollo de una confianza total, entenderemos la relación lógica entre el amor y el temor, contenida en este pasaje escritural.

Según 1ra Juan 4:18, existe una relación directa entre el amor y el temor. El principio es este: **mientras más amamos a Dios, más confianza tendremos en Él y menos temor habrá en nuestras vidas.**

Si un niño está seguro de que su padre le ama, ¿viviría preocupado por lo que habrá de comer? Es lógico entender que una relación de amor nos libera del temor.

La causa principal del temor es una excesiva concentración en nosotros mismos. Al no poseer una relación personal con Dios, el ser humano intenta llenar ese vacío con una alta dosis de amor propio. Se preocupa por su autoestima, su imagen, su autopreservación, etc. Es natural que, con tantas cargas y responsabilidades, el hombre viva lleno de temor.

Si el temor está victimizando tu vida, te recomiendo que quites tus ojos de tu ego enfermizo y los fijes en Jesucristo, el Sanador. Decídete a aceptar el perfecto amor de Dios y no permitas que tu ego siga siendo el centro de tu vida.

Cuando Adán estaba en el huerto del Edén vivía en una posición de aceptación. Estaba desnudo y sin embargo, mantenía comunión con Dios sin problema alguno.

Cuando Adán cayó por transgredir la voluntad de Dios, éste le preguntó: *"¿Dónde estás tú?"* La respuesta fue: *"Tuve miedo y me escondí".*

¿Qué le sucedió a Adán? ¿Por qué ahora experimentaba un temor que no había sentido antes? La respuesta es obvia. Adán había caído de una mentalidad de aceptación a una de culpabilidad.

¿Te encuentras como Adán? ¿Sientes que le has fallado a Dios y posees una expectativa de juicio? Entonces, permite que el perfecto amor de Dios restaure tu vida. El Señor te dice: *"Te recogeré con grande misericordia... con misericordia eterna tendré compasión de ti"* (Isaías 54:7-8).

El perfecto amor de Dios nos lleva a una dependencia total en Él y nos guía a quitar nuestros ojos de las circunstancias peligrosas. Entonces somos redirigidos a Jesucristo *"el autor y consumador de nuestra fe"* (Hebreos 12:2).

Cuando conocemos y aceptamos el perfecto amor de Dios, quedamos libres de los temores de nuestro ego. Pues si *"ya no vivo yo, vive Cristo en mí"*.

¿Recuerdas la ilustración de los dos pajarillos en medio de la tormenta? Ambos observaban cómo la gente estaba corriendo de lado a lado, nerviosa y preocupada. Mientras eso sucedía, los pajarillos se mecían tranquilamente sobre el cable del tendido eléctrico.

De momento, el pajarito de la izquierda le pregunta al de la derecha: ¿Por qué los seres humanos viven siempre atemorizados? El pajarito de la derecha contestó: "Creo que lo que sucede es que, a diferencia de nosotros, no tienen un Dios que los ame y se ocupe de ellos".

Moraleja: *"El perfecto amor, echa fuera el temor"*, 1ra Juan 4:18.

5. Ten fe en Dios

Cuando los comunistas lograron el control en China, Isobel Kuhn entendió que debía escapar. Tomó a su pequeño hijo Danny y comenzó a cruzar las montañas llenas de nieve.

Cuando finalmente arribó a Myitkyina, en la parte superior de Burma, estaba exhausta, sin fuerzas, sin comida y sin dinero. No sabía hablar el idioma regional y se encontraba a medio globo terráqueo de su tierra.

Tiempo después, Isobel Khun escribió: "No puedo describir la debilidad y la preocupación que me llenaba". No obstante, en su desesperación, esta mujer decidió enfrentar su temor con su fe.

Ella se habló a sí misma y se dijo: "Al único que debo temer es al pecado. Todos los otros temores vienen de Satanás para debilitarme. Por lo tanto, me niego a vivir en temor y le pido a mi Dios que eche fuera de mí todo temor".

Milagrosamente, luego de pasar por el *"valle de sombra de muerte"* y vivir circunstancias angustiosas, Isobel Kuhn llegó desde Asia a Estados Unidos y vivió para testificar cómo Dios la había librado.

Esta historia ilustra cómo la fe cancela y neutraliza al temor. Cuando las circunstancias demandan que te llenes de temor, la fe demanda que ignores o sobrepases las circunstancias.

Cuando enfrentamos el temor con una fe sólida basada en la poderosa Palabra de Dios, este no puede prevalecer. ¡No es coincidencia que la fórmula química para el hierro sea FE! Creo que la fe es la coraza de hierro que protege el corazón del creyente.

¿Recuerdas la historia de Jairo? Cuando aquel principal de la sinagoga recibió la noticia del fallecimiento de su hija, Jesús estaba a su lado. Es impresionante notar la rapidez con la cual Jesús intervino, e interrumpiendo a los portadores de la mala noticia le dijo a Jairo: *"No temas, cree solamente".*

Es que la fe es el antídoto del temor. El temor esclaviza; la fe libera. El temor debilita; la fe, fortalece. El temor te dice: "No puedes"; la fe te dice: *"Todo lo puedes en Cristo que te fortalece"*.

En mi libro *"**A Frasetazo Limpio**"*, manifesté: "Cuando la fe entra por una puerta, el temor tiene que salir corriendo por la otra. Es pues la fe, el cementerio del temor.".

Hay una vieja leyenda que cuenta de unos hombres que subieron adonde estaba el sol y, muy preocupados, le dijeron: Señor Sol, existe en la tierra un lugar donde nunca hay luz y es de noche todo el tiempo. El Sol les dijo: "Yo iré y haré una investigación".

La leyenda cuenta que el Sol recorrió toda la tierra buscando el lugar tenebroso, pero no pudo encontrarlo. ¡No puede haber tinieblas donde está el Sol! De igual modo, donde reina la fe, el temor no puede existir.

Conclusión

En las páginas de este libro ha quedado demostrado que vivir en temor es vivir en esclavitud. Como si eso fuera poco, operar en temor es ir contra la voluntad de Dios. **Dios no quiere que vivamos en temor.** De hecho, cuando le damos cabida al temor en nuestras vidas, estamos quebrantando un mandamiento de Dios.

El mandamiento que más se repite en toda la Biblia no es "no matarás", ni "os he puesto para que llevéis mucho fruto", ni "creced y multiplicaos". ¡No! El mandamiento que más se repite en toda la Biblia es: ¡No temas!

Dios le dijo a Abraham "no temas"; a los israelitas frente al Mar Rojo: "no temáis"; a Josué, cuando lo llamó a dirigir al pueblo de Israel: "no temas"; al pueblo de Israel en momentos de dificultad: "no Temas"; a Josué, antes de la batalla de Hai: "no temas". A Jeremías, antes de comenzar su ministerio: "no temas"; a María, cuando el Ángel Gabriel le dio la anunciación: "no temas"; a los pastores, cuando oyeron el cántico angelical: "no temas".

A Jairo, cuando recibió la noticia de que su hija había muerto: "no temas"; a los 70, cuando fueron enviados a predicar: "no temáis" y a Pablo, en tiempos de persecución: "no temas".

Lo que Dios dijo a su pueblo antaño, es lo mismo que nos dice hoy: "no temáis".

Hemos de mantenernos alertas para no abrir la puerta al espíritu de temor. Santiago 1:17 dice: "toda buena dádiva, todo don perfecto, desciende de arriba, del Padre de las luces, en el cual no hay mudanza ni sombra de variación".

Si sometemos al temor a esa misma normativa bíblica, veremos que el temor ni es una buena dádiva, ni es un don perfecto; ni desciende de arriba, ni viene del Padre de las luces. Entonces, como el temor no es de Dios, neguémonos ante toda circunstancia a oprimir el botón del pánico.

¡Dile que no al temor! Si el Señor cuida de las aves, ¿acaso no cuidará de nosotros sus hijos? ¿Puedes imaginarte un águila volando con un paracaídas amarrado del cuello, por si acaso las alas le fallan?

Si contamos las frases derivadas y sinónimas, existen 366 "no temas" en la Biblia. Entonces, como el año tiene 365 días, deduzco que Dios te ha dado un "no temas" para cada día y, por si acaso, te sobra un "no temas" ¡para que no temas!

No temas
© Víctor Centeno 2010

Hay un espíritu infernal
Que esclaviza y que tortura
Y debemos de enfrentarlo
Como dice la Escritura

El fantasma del temor
Que a muchos tiene cautivos
Paraliza y causa terror
Aún a los redimidos

Pero no hay porqué resignarse
A vivir entre sus redes
La fe puede libertarte
¡Con Cristo, todo lo puedes!

En la palabra meditando
Con Dios en intimidad
La fe se irá acrecentando
Y el temor de ti huirá.

He hecho mi aportación
La palabra ha sido buena
Y te digo: Ten valor
Y, ¡no temas, ya no temas!

Datos Sobre El Autor

El **Dr. Víctor Centeno** nació en Puerto Rico. A los 15 años, recibió el llamado de Dios y meses después, predicó su primer sermón. Estudió en el Instituto Bíblico Emanuel y realizó estudios en Mercadeo, Psicología y Relaciones Humanas.

Por más de 15 años ministró a multitudes en Centro y Sur América, España, Canadá y Estados Unidos. Luego, por 18 años ha sido Pastor en Bridgeport, CT.

Como Conferencista Internacional y Autor de doce libros, ha sido un complemento efectivo en el ministerio de muchos siervos del Señor.

Su dominio del arte de la oratoria y su estilo carismático le han ganado el aprecio de multitudes. En el año 2007, Woodbridge Christian University le otorgó el título de Doctor en Teología y Divinidad.

En la actualidad, el Dr. Víctor Centeno, reside en Bridgeport, CT junto a su esposa Noemí.

Otros libros por el Dr. Víctor Centeno

Víctor M. Centeno Ministries

(203) 382-3160

cima.centeno@gmail.com

¡MIL FRASETAZOS ORGANIZADOS POR TEMAS!

✓ Las mujeres creen en sueños hasta que se casan con un dormilón.

✓ Arrodíllate con frecuencia para que puedas mantenerte de pie.

✓ El chismoso tiene un demonio en la lengua; el que lo escucha, tiene dos en los oídos.

✓ Es triste tener apetito de langosta y bolsillo de "hot-dog".

✓ Optimista es el hombre que piensa que el matrimonio será más barato que el noviazgo.

Si leyendo estos frasetazos deseas aprender y gozar, ¡este libro tendrás que comprar!

Autoestima:

*La Perspectiva Bíblica**

"Nunca permitas que tus críticos te paralicen. Si el dueño del circo está contento contigo, olvídate de lo que digan los payasos." - Dr. Víctor M. Centeno, Th.D., D.D.

"Este libro está lleno de sabiduría práctica y ha sido escrito con tinta del corazón de un autor auténtico. ¡Yo te lo recomiendo!" – Dra. Sonita Santos, Trujillo Alto, Puerto Rico.

"Con su sentido de humor, pero en forma práctica y detallada, Víctor Centeno nos dicta pautas para mejorar nuestra autoestima." – Dra. Arline Westmeier, San Juan, Puerto Rico.

"Una autoestima saludable es la médula de la salud integral. Disfruta la lectura de este libro." – Dr. Fausto Lora, Caguas, Puerto Rico.

* También lo puedes obtener en formato de Manual.

COMO PREDICAR CON ÉXITO

En mi larga trayectoria como predicador (estoy predicando desde que tenía 15 años de edad) muchos predicadores, maestros de homilética y escritores me habían sugerido que escribiera un libro sobre el arte de la predicación.

Por ser conciso, directo y preciso, no dudo que muchos institutos bíblicos quieran utilizarlo como libro de texto.

Aquellos Pastores interesados en desarrollar líderes en el arte de la predicación efectiva pueden comunicarse a nuestro ministerio. Estoy en amplia disponibilidad para presentar el seminario: **Cómo Predicar Con Éxito.**

LIBERACIÓN FINANCIERA

En nuestros días existen dos extremos al respecto. Por un lado, están los que han sobre-enfatizado la prosperidad sobre todos los otros aspectos de la vida cristiana.

Al otro extremo, están quienes mantienen el postulado católico-romano de que la pobreza es una virtud. Estos postulan que la doctrina de la prosperidad "es del diablo" y creen que mientras más pobres somos, más santos somos. Concepto tal, mantiene a miles de creyentes desposeídos y en limitación. Peor aún, limita las posibilidades de que la Iglesia realice el propósito de Dios. Pero los extremos no cancelan lo genuino; que lo falso no elimina lo verdadero y que el abuso no quita el buen uso.

Mi propósito en este libro es revelar los principios bíblicos que te llevarán a la verdadera prosperidad porque *"la bendición del Señor es la que enriquece y no añade tristeza con ella"* – Proverbios 10:22.

Para información sobre otros libros y mensajes en CD o DVD's; Para recibir un catálogo completo de mensajes y conferencias; Para organizar alguna conferencia sobre temas como: la Sanidad Interior, la Mayordomía Bíblica, Cómo Relacionarte con tu Pastor y la Autoestima Positiva, comunícate al:

Centro Cristiano Renovación

P.O. Box 3355, Bridgeport, CT 06605

(203) 870-8276 / 382-3160

Visítanos en Facebook:
http://facebook.com/Victor M. Centeno

Made in the USA
Middletown, DE
09 June 2017